멀티를 선물하는 남자

명화와 함께 읽는 나의 섹스 감정 수업 29

멀티를 선물하는 남자

김진국 지음

스토리3.0

새로운 세대를 위한
성생활 입문 강의

　몇 년 전 배우 장혁이 〈무릎팍 도사〉라는 예능 프로그램에 나와 『킨제이 보고서(Kinsey Report)』를 세 번이나 독파했다고 말해 화제가 된 바 있습니다. 이렇듯 오늘날까지도 사람들의 입에 오르내리는 『킨제이 보고서』는 그 당시 미국인들의 적나라한 성생활을 분석했다는 점에서 큰 충격으로 받아들여졌습니다. 1948년 발간된 「남성의 성생활(Sexual Behavior in the Human Male)」은 미국 남성의 37%가 쾌락을 동반한 동성애 경험을 가지고 있으며 4%는 평생 동성애자라는 사실을, 1953년에 발간된 「여성의 성생활

(Sexual Behavior in the Human Female)』은 미국 여성의 58%가 자위행위 경험이 있다는 사실을 밝혀주었습니다. 기독교 중심의 보수적인 성문화를 고수했던 미국 사회는 『킨제이 보고서』를 접한 뒤 서서히 개방적 성문화 사회로 변해가기 시작했죠.

그로부터 약 60년이 지난 2014년의 대한민국은 어떤가요? 각종 드라마와 영화에서 가족 구성원끼리 얽히고설킨 막장 남녀관계나 불륜은 이제 빼놓을 수 없는 주요 트렌드가 되었습니다. 이 글을 쓰는 지금도 배우 김희애 씨와 유아인 씨가 출연한 연속극 〈밀회〉가 장안의 화제입니다. 종합편성채널인 JTBC에서 방영되는 이 드라마는 시청률이 7%에 이르면서 동 시간대 공중파 방송의 시청률을 압도할 정도입니다.

이렇듯 40대 중반의 유부녀가 자신의 제자이자 남편이 애지중지하는 20대 청년과 나누는 밀회 장면을 수많은 사람이 숨죽여 바라보는 게 우리의 현실입니다. 그리고 드라마가 끝나면 사람들은 온라인 공간으로 몰려들어 각종 게시판을 익명의 글로 도배합니다. 제가 말하고 싶은 바는 이미 섹스가 우리 사회에서 중요한 화두로 떠올랐으며, 사람들은 의식적으로나 무의식적으로나 그것에 몰두해 있다는 사실입니다. 그럼에도 불구하고 주변에 성(性)과 관련된 제대로 된 지침서가 하나도 없다는 점이 아쉽습니다. 이제 성에 대한 우리의 인식도 변화할 때가 되었습니다.

독일의 심리학자 프로이트는 일찍이 여자의 오르가슴을 '음핵 오르가슴'과 '질 오르가슴'으로 나눈 바 있습니다. 그는 어린 시절 자위행위를 하던 습관에서 비롯된 음핵 오르가슴은 유아적이고 미성숙한 것이며, 질 오르가슴이야말로 어른이 된 뒤 느낄 수 있는 진정하고 성숙한 오르가슴이라고 단정했습니다. 한마디로 질과 관련된 오르가슴이 훨씬 더 강력하고 만족스러운 쾌감을 가져다준다는 것입니다.

프로이트의 이론은 1950년 독일의 산부인과 의사 에르네스트 그레펜베르크가 여성의 질 속에 있는 지스팟(G-spot)을 발견함으로써 한층 힘을 얻는 듯했습니다. 하지만 그 뒤 각종 실험과 설문 조사 등을 통해 클리토리스가 성적 쾌감의 중요한 부분으로 떠올랐고, 사람들은 음핵의 직간접적 자극이 중요하다는 사실을 깨닫기 시작했습니다. 급기야 학자들은 음핵 오르가슴이든 질 오르가슴이든 다르지 않다는 평등 오르가슴 이론을 내세웠고, 이는 지금까지 정설로 받아들여지고 있습니다.

하지만 저는 감히 이 책을 통해 이렇게 주장합니다.

"질 오르가슴도 매우 소중하지만, 클리토리스로 대표되는 여러 핫스팟과 신체 모든 부위를 정성껏 애무함으로써 얻어지는 음핵 오르가슴이야말로 여성들이 진정으로 기대하는 최고의 희열입니다. 음핵 오르가슴은 그 강도가 질 오르가슴보다 크고 지속적이어서 잘만 하면 멀티 오르가슴이라는 커다란 선물을 안겨주기에 훨씬 더 유리합니다."

짧게 요약하자면 이제 '음핵 오르가슴'의 시대가 도래했다는 것입니다. 앞으로는 손과 입, 혀를 이용해 애무를 섬세하게 잘하는 남자가 더욱 사랑받고, 여자의 마음을 쉽게 얻을 수 있습니다. 앞으로 펼쳐질 강의의 핵심 목표인 '멀티 오르가슴'은 피스톤 운동을 통한 지스팟 자극으로도 도달할 수 있지만, 그보다는 애무를 통한 것이 훨씬 손쉽고 매력적입니다. 또한 여성들은 격렬한 피스톤 운동보다 부드럽고 달콤한 애무를 선호한다는 사실을 잊지 말아야 합니다.

그런 점에서 이 책은 개혁이고 혁명이며, 새로운 차원의 패러다임입니다. 여러분은 제 강의를 통해서 음핵 오르가슴의 우월성을 인지하고, 멀티 오르가슴을 유도할 수 있는 각종 남성 테크닉을 차근차근 배우게 될 것입니다. 그리고 여성으로부터 사랑받는 최고로 섹시한 남성으로 거듭날 것입니다.

오늘날 대한민국은 세계 7위의 수출 규모와 14위의 경제 규모를 자랑하는 최첨단 경제 대국입니다. 나아가 세계적인 경제 기관들은 대한민국의 1인당 순소득이 2030년 세계 3위에 이를 가능성이 높고, 2050년에는 일본마저 제칠 것이라 예견하고 있습니다.

다시 한 번 묻겠습니다. 이렇게 역동적인 나라에 살고 있는 우리의 성에 대한 담론은 어느 정도 수준에 도달해 있을까요? 숱한 오해와 자극만 난무하고 있지는 않은가요?

이 책은 시대적 요청과 다중의 필요에 의해서 자연스럽게 나타난 결과물이자 '새로운 세대를 위한 성생활 입문서'입니다. 미국과 유럽, 일본, 중국 등 동서양 어느 곳에 내어놓아도 손색이 없는 새로운 통찰력의 성 체험 보고서이며, 섹스 강의입니다. 여성의 성적 반응에 대한 놀라운 이해와 남성의 섹스 스킬에 대한 구체적 서술은 여러분의 관점을 180° 바꾸어놓을 것입니다. 그런 의미에서 훗날 이 책은 찬란한 고전이 될 것이라 기대해봅니다.

섹스는 진정한 사랑의 아름다운 표현이요, 남녀가 이루어내는 조화의 예술입니다. 부디 이 책이 부부 관계에 어려움을 겪는 독자들과 젊은 세대에게 유익한 성 지침서가 되기를 바랍니다.

2014년 6월
김진국 올림

Contents

프롤로그 | 새로운 세대를 위한 성생활 입문 강의 4

1부
강남 대치동 일타 강사의 젊은 세대를 위한 성스킬 강의

1강 | 멀티 올가를 선물하라 16

2강 | 남자의 자세가 8할을 좌우한다 22

3강 | 여자의 급소는 어디죠? 29

4강 | 텐! 텐! 텐! 마법의 찬란한 출발점 38

5강 | 멀티플레이로 멀티 올가를 불러라 43

6강 | 줄지어 쏟아지는 생생한 증언들 50

7강 | 지스팟을 공략하면 멀티 올가가 보인다 58

8강 | 딱따구리를 위한 다양한 변주 66

9강 | 남자는 모른다, 여자가 좋아하는 스킨십! 73

10강 | 클리토리스는 신의 선물이다 79

11강 | 혀와 입을 사용하라 84

12강 | 손끝에서 시작되는 마법 94

13강 | 은하수의 미학 102

14강 | 감성을 건드리면 사랑이 움직인다 106

무당 강사의 섹시한 정의 | 여자는 ( )다! | 115

2부
강남 대치동 일타 강사의 젊은 섹스에 대한 새로운 생각들

15강 | 여성을 위한 판도라의 상자 I 118
 - 여자 혼자 멀티가 가능할까

16강 | 여성을 위한 판도라의 상자 II 126
 - 자위행위 매뉴얼 上

17강 | 여성을 위한 판도라의 상자 III 135
 - 자위행위 매뉴얼 下

18강 | 표현하고 캐치하라 143

19강 | 여성의 그날 중 섹스는? 149

20강 | 가슴 뛰게, 가슴 녹게, 가슴 터지게 154

21강 | 남성보다 우월한 여성들 158

22강 | 노래에 반영된 성풍속도 166

23강 | 모든 남녀는 명기가 될 수 있다 173

24강 | 100세 시대의 섹스는 어떻게 달라질까? 181

25강 | 첫 경험, 첫 오르가슴, 첫 멀티 올가? 188

26강 | 극강의 오르가슴과 멀티 올가 사이 192

27강 | 건강을 유지하면서 멀티 올가를 선물하라 198

28강 | 사이버섹스에 앞서 휴먼섹스다 207

29강 | 멀티 올가는 판타지가 아니다 213

무당 강사의 섹시한 정의   섹스는 (   )다!   219

3부
강남 대치동 일타 강사의 산전수전 인생 분투기

대치동 학원가 전설의 일타 강사 '무당' 222

포기하지 못한 문학의 꿈 226

몰락한 컴맹, 캠방을 배우다 230

잘나갔던 아프리카 BJ 234

인생의 밑바닥으로 떨어지다 238

가장 슬펐던 꿈 242

다시 가지는 희망 244

에필로그 | 마지막 당부의 말 247

1부

강남 대치동 일타 강사의
젊은 세대를 위한 성스킬 강의

1강

멀티 올가를 선물하라

멀티 올가를 선물하는 남자가 가장 섹시하다

가장 섹시한 남자는 누구일까요? 하루에 몇 시간씩 운동을 하고, 식스팩을 자랑하며 터프하게 씩 웃는 남자라고요? 천만에요! 일에 열중하는 남자? 보조석 의자에 손을 얹고 고개를 돌려 자동차를 후진하는 남자? 대중 앞에서 열정적으로 웅변을 하는 남자? 하얀 와이셔츠와 넥타이가 잘 어울리는 지적이고 세련된 남자? 예술적 영혼에 심취한 남자? 탄탄한 엉덩이를 자랑하는 스포츠 스타? 개인 취향에 따라 다르겠지만, 단언컨대 저는 이렇게 말하고 싶습니다. 세상에서 가장 섹시한 남자는 멀티 오르가슴(이하 '멀티 올가')을 선물하는 남자입니다!

멀티 올가를 위한 안내서

그렇다면 이 강의의 핵심 화두이자 결정체인 멀티 올가는 과연 무엇일까요? 대체 어떤 가치를 지니고 있기에 많은 시간과 열정을 소비해가며 추구해야 하는 걸까요?

이 책은 멀티 올가를 모르는 무지하고 무책임한 대한민국 남성들에게 던지는 경고이며, 또한 그것을 알고 선물할 줄 아는 남자가 되었을 때 찾아올 극강의 희열을 소개하는 안내서입니다. 그동안 무지한 남자들 때문에 멀티 올가가 무엇인지조차 모르고 살아온 여자들에게 던지는 희망의 메시지이자 열락의 파라다이스입니다. 또한 여성 혼자서도 멀티 올가에 이르는 길을 찾을 수 있도록 유도하는 것이 제가 이 강의를 하는 주요 목적입니다.

멀티 올가는 여성만의 전유물이다

안타깝게도 남자는 극강의 희열은 느낄 수 있을지언정 멀티 올가에는 도달할 수 없습니다. 오르가슴에 올라 사정을 한 직후 여자가 입으로 귀두를 펠라티오 해주면 몇 분 정도 간지러운 자극이 극에 달해 몸부림치긴 하지만 그뿐입니다. 남자는 단지 연인이 멀티 올가에 몸을 떠는 모습을 보고, 또 그것을 정성껏 이끌어내는 과정에서 자기만족을 얻는 기쁨이 있을 뿐이지요. 아니, 그러한 노력과 열정, 헌신의 자세가 진짜 남자의 기본 매너입니다.

2007년 발간된 미국 〈킨제이 보고서〉에 따르면 여성은 평균 4번의 섹스에서 단 한 번 오르가슴을 느낀다고 합니다. 물론 대한민국 남성이 서양 남성보다 못하다고 할 수는 없지만, 성기의 크기나 섹스 횟수, 지속 시간 등을 따졌을 때 조금 부족한 편인 건 사실입니다. 다행히 성을 바라보는 시선이 개방되면서 이 땅의 남자들도 전보다 실력이 나아지긴 했지만, 여전히 제가 아는 여성들은 잠자리에서 오르가슴을 느끼기 힘들다고 하소연합니다. 자위행위를 할 때에는 매번 오르가슴에 오르는데 말이죠. 이처럼 멀티 올가는 고사하고 한 번의 오르가슴도 선물하기 버거운 남성들을 위해 저는 이 책을 썼습니다. 칠흑같이 어두운 바다 반대편에 붉게 타오르는 태양이 존재하듯 남자에게도 희망은 있습니다.

멀티 올가란 무엇인가

오르가슴은 모든 섹스의 궁극적 목표입니다. 오르가슴을 느낄 동안 여성은 신경계에 과부하가 걸리고, 정신의 연결회로가 닫혀 혼미해지며, 의식의 퓨즈가 끊어져서 아련하고 몽롱해집니다. 심장 박동 수는 1분당 160회 이상으로 급격히 빨라져 견딜 수 없게 숨이 가빠지고, 혈압이 두 배 가까이 상승해 온몸의 혈관들이 터져나갈 듯 화끈거리기도 하죠. 그 아슬아슬하면서도 찌릿찌릿한 극단적인 쾌감이 온몸, 특히 하복부를 휩쓸고 지나갈 동안 여성은 무의식의 순간 이동자가 되어 정신을 차릴 수 없게 됩니다. 그런데 안타깝게도 거의 모든 여성은 그 정점의 시간이 5~10초에 불과하다고 말합니다. 그것도 단 한 번만 느낄 수 있을 뿐이고요.

온갖 정성과 노력을 쏟아부은 결과치고는 너무 짧습니다. 짧아도 보통 짧은 정도가 아닙니다. 이나마도 좀 할 줄 안다는 남자가 두세 번 공을 들여야 얻을까 말까 합니다. 하지만 멀티 올가는 아예 차원이 다릅니다.

우선 멀티 올가는 오르가슴이 몇 분 간격으로 적어도 두세 번 이상 찾아옵니다. 멀티 올가의 경지에 다다른 여성은 10분에서 20분, 또는 1시간 사이에 두세 번 이상 오르가슴에 오를 수 있습니다. 그러나 이는 극히 초보적인 단계의 멀티 올가일 뿐입니다. 여러 번의 시행착오를 거친 뒤 멀티 올가를 즐기고 일상적으로 맞이할 줄 알게 되면 30분이나 1시간 사이에 대여섯 번, 아니 열 번 이상 멀티 올가의 축복을 받을 수 있습니다.

여기서 잠깐! 멀티 올가에서 오르가슴을 느끼는 횟수는 중요한 게 아닙니다. 설령 그 오랜 시간 사이에 단 한 번의 오르가슴을 느끼더라도 여성 성기가 질 안쪽에서부터 심하게 떨리고, 그 여운이 30분 이상 지속되어 견디기 힘들 정도의 쾌감이 떠나지 않는 게 진짜 멀티 올가입니다.

진짜 멀티 올가에 이르면 오르가슴을 느끼는 시간도 30초에서 길게는 2분, 3분까지 늘어납니다. 2분 넘게 오르가슴이 지속된다고 상상해보십시오. 5~10초밖에 못 느끼던 당신에게 그것은 견디기 힘든 판타지입니다. 진짜 멀티 올가 뒤에 찾아오는 엄청난 떨림에 여성은 소리도 낼 수 없을 정도로 충격을 받게 됩니다.

하복부에서 퍼져나가는 찌릿찌릿한 쾌감, 확장되는 동공과 빨라지는 맥박 등 멀티 올가에 도달했을 때 우리 몸이 보여주는 변화는 더 이상 기술할 필요가 없습니다. 다만 한 가지 우리가 주목해야 할 놀라운 현상은 끊임없이 쏟아내는 애액의 엄청난 양입니다. 물론 멀티 올가를 매우 잘 느끼는 숙련된 여성의 경우, 자기 스스로 물의 배출량을 조절하는 경우도 있습니다. 이런 여성은 상대방에 따라 예닐곱 회까지 멀티 올가가 가능한데, 너무 많은 애액의 양이 신경 쓰인 나머지 스스로 배출량을 조절하게 되었다니 정말 대단하지 않습니까.

하지만 거의 모든 여성은 멀티 올가에 올랐을 때 상상하지 못한 애액의 양 때문에 애를 먹게 됩니다. 그러므로 멀티 올가에 오르고자 하는 여성은 화장지 한 통을 단 1~2시간 안에 소비할 각오를 해야 합니다. 도대체 어디서 그렇게 많은 양의 물이 줄줄 흘러내리는지 정말 신비로운 일이 아닐 수 없습니다.

◎

그림 속 주인공은 '마리 루이즈 오머피'라는 14세의 아일랜드 창녀다. 부세는 이 소녀에게서 순수함과 에로를 겸비한 독특한 매력을 발견했고, 그 매혹적인 뒤태를 캔버스에 옮겼다. 훗날 이 소녀는 루이 15세의 정부가 되었다.

프랑수아 부세, 〈누워 있는 소녀〉, 1752년, 캔버스에 유채, 뮌헨 알테 피나코테크

2강
—

남자의 자세가 8할을 좌우한다

마음가짐부터 바꿔라

　도대체 어떻게 하면 가장 섹시한 남자가 될 수 있을까요? 남자는 사랑하는 연인에게 멀티 올가를 선물하여 행복하게 만들어줄 의무가 있습니다. 이때 여성이 멀티 올가에 오르는 데에는 남자의 스킬과 자세가 80%를 차지합니다.
　지금부터 펼쳐지는 섹스 스킬 강의는 당신을 최강의 남자, 극강의 파이터, 부드러운 희열의 마법사로 만들어줄 것입니다. 제가 소개하는 스킬을 연마하고 실전에 응용해보십시오. 단, 그 전에 자신의 무모하고 일방적이었던 마음가짐부터 바꾸어야 합니다. 자, 준비되었습니까?

멀티 올가를 얻기 위한 여성의 자세

분명 여자에게도 요구되는 자세가 있습니다. 능력 있는 남자를 만나 쉽게 멀티 올가를 선물받을 수도 있지만, 이 또한 기본적으로 마음가짐이 준비된 상태에서만 가능합니다.

첫째, 남자에게 절대 협조해야 합니다. 남자가 이끄는 대로 적극 자세를 취하고 반응해주어야 합니다.

둘째, 인내하고 기다려야 합니다. 멀티 올가를 느끼기 위해 탐색하고 노력하는 과정은 쉽지 않을 수 있습니다. 경우에 따라서는 별다른 만족도 주지 못하면서 낑낑거리는 남자를 장시간 마주해야 할 수도 있습니다. 그래도 참고 기다리십시오. 특히 재미없고 지루하다고 타박하지 마십시오. 그 순간 남자는 노력하기를 포기할 수도 있습니다.

셋째, 어떤 자극에도 견딜 수 있어야 합니다. 자극이 강해져서 견디기 힘들 정도가 되면 여자는 남자의 얼굴을 밀어내거나 몸을 피하는 경향이 있습니다. 이때 끝까지 참아야 합니다. 설령 말로는 그만하라고 해도, 또 몸을 돌릴지라도, 그것이 진짜로 남자를 밀어내려는 의도가 아님을 알아차리게 해줘야 합니다.

넷째, 자신의 느낌과 생각을 솔직히 표현해야 합니다. 서로 의견을 나누고, 함께 문제를 극복할 때 진정한 멀티 올가의 길이 열립니다. 이를 위해서는 남녀 모두 열린 마인드를 가져야 합니다.

다섯째, 믿어야 합니다. 남자를 믿고 가까운 시일 내에 멀티 올가에 도달할 수 있다는 확신을 가지십시오. 혹시 플라세보 효과에 대해 알고 계신가요? 가짜 약을 진짜 약이라고 믿고 먹은 환자가 높은 치료 효과를 본 것처럼 남자를 제대로 믿어줄 때 멀티 올가에 오를 확률은 높아집니다.

여섯째, 항상 따뜻한 마음과 몸으로 연인을 감싸주는 포용력을 지녀야 합니다. 여인의 온화한 마음과 부드러운 터치는 남자에게 감동을 주어 더욱 노력하게 만듭니다.

멀티 올가는 여자를 춤추게 한다

일단 멀티 올가를 경험한 여성은 180° 변하기 십상입니다. 목격자들은 한결같이 여자친구 또는 부인이 이상해졌다고 증언합니다. 굳이 멀티 올가가 아니라 그 전 단계인 극강 희열만 맛보게 해도 여성은 스스로 자신은 "황후 대우를 받았다"라며 떠벌리고 다닐 정도가 됩니다.

멀티 올가에 올랐을 때 여성은 처음으로 남성의 성기와 전신을 정성껏 애무해주거나, 뻣뻣하던 고목나무에서 능수능란한 허

마르크 샤갈, 〈생일〉, 1915년, 캔버스에 유채, 뉴욕 현대 미술관

◎

샤갈은 결혼하기 10일 전에 이 그림을 완성했다.
그림 속 여주인공은 그가 절대적으로 사랑했던 여인 벨라 로젠펠트이며,
그녀의 입술에 입을 맞추는 남자는 샤갈 자신이다.
샤갈은 평생 아내를 위해, 아내와 함께 그림을 그렸다.

리돌림의 예술가로 변하게 됩니다. 이제 죽어도 좋다고 말하며 결혼만은 제발 자신과 해달라고 애원하는 모습을 보이기도 합니다. 나아가 자신의 가슴과 신체 부위를 스스로 애무하기도 하고요.

처음 멀티 올가에 오른 여성은 구급차를 불러야 할 것 같은 고통스러운 표정을 짓지만, 바로 다음 날이면 언제 그랬냐는 듯 회복되어 전보다 더 원기왕성한 모습을 보여줍니다. 실제로 한 여성이 두 시간 동안 오르가슴이 멈추지 않아 응급실에 실려 갔는데, 다른 여성들이 함께 간 남자를 사모의 시선의 바라보았다는 재치 있는 기사를 읽은 적도 있습니다.

과학적으로도 오르가슴은 여성의 건강에 도움이 됩니다. 오르가슴을 자주 강하게 느끼는 여성은 심신 이완 효과에 의해 심장 질환이 예방되며, 생리통이 감소하는 등 뛰어난 통증 감소 효과를 누린다고 합니다. 또한 혈액 순환을 자극해 성인병 예방에도 효과가 있다고 합니다.

여자의 멀티를 위해 헌신하는 남자

인생에는 여러 가지 행복이 있습니다. 그 가운데 '정신적 사랑'은 누구나 가지고 싶은 아름다운 추억이자, 꼭 경험해보고 싶어 하는 최상의 가치입니다. 개인적으로 대학에 합격했을 때와 사업적 성취를 이루었을 때 정말 행복했습니다. 하지만 아내와 함께 아이들을 키웠던 시간이 더 행복했습니다. 정신적 사랑이 충만했던 그 시기가 아마 제 인생의 황금기가 아니었을까요.

그러나 저는 이제 다른 차원에서의 행복을 논해보려 합니다. 남성들이여! 연인의 고조되는 숨소리에 가슴 벅차하고, 절정에 도달하기 직전 내뱉는 교성에 설레어하며, 오랜 시간 밀려드는 떨림과 희열을 공유할 줄 아는 남자가 되십시오.

슬프게도 자신의 기술이 부족하다고 생각하십니까? 이 강의는 그런 당신을 위한 것입니다. 하나하나 제대로 음미하고 연마해보십시오. 나이가 많아서 걱정이라고요? 나이는 숫자에 불과합니다. 압도적인 스킬과 노력이 당신을 극강의 남자로 다시 태어나게 할 것입니다.

잠깐! 자신이 조루증을 가지고 있다고요? 걱정하지 마십시오. 당신의 성기를 본격적으로 움직이기 전에 입과 손, 그리고 혀만으로도 당신의 애인을 멀티 올가에 이르게 할 수 있습니다. 애무를 하면서 꾸준한 끈기를 보여준다면 당신의 조루증 또한 완벽히 치료될 수 있습니다. 적어도 그런 믿음과 자세로 강의에 임하십시오.

어떻게 1시간 동안 애무를 할 수 있느냐며 고개를 절레절레 흔드는 당신의 모습이 보입니다. 당신의 직업이 근엄한 법조인이라고요? 육법전서를 뒤지며 인고의 시간을 보냈던 당신은 사랑하는 여성을 위해 고작 1시간도 투자하지 못하는 사람인가요? 당신이 학생들에게 존경받는 대학교수라고요? 학생을 가르치는 사람이 배움의 자세를 이렇게 멀리해서야 되겠습니까?

매일 8시간 이상 노동을 하는 근로자라면 그 시간의 20분의 1만 투자해서 2~3일에 한 번, 1~2시간씩 연인을 정성껏 애무해주십시오. 당신이 기타리스트라면 악기를 연주하는 시간의 극히 일부만 연인의 몸을 연주하는 데 사용해보십시오. 식스팩을 가꾸는 시간의 50분의 1만 투자해보십시오!

남자가 되기 위한 조건에는 여러 가지가 있지만, 그중에서도 연인에게 멀티 올가를 선물할 줄 아는 남자가 진정한 남자입니다. 사랑하는 여인이 저렇게 행복해하는데, 설령 자신의 무릎이 까지고 혀가 부르트고 손끝이 벗겨진들 어떠합니까. 그 정도로 노력할 수 있는 자세가 되어야 그녀로부터 진짜 사랑을 얻을 수 있지 않겠습니까.

3강

여자의 급소는 어디죠?

입술 공략과 터치의 기본 스킬

이제 막 섹스의 즐거움에 눈을 뜨고 새로운 희열을 찾아 달려가는 20대 초반의 남성들부터 섹스의 본질에 대해 고민하는 50대 중년 남성에 이르기까지 가장 흔하게 던지는 질문이 있습니다.

"여자의 급소는 어디죠?"

"도대체 어디를 어떻게 해줘야 여자가 뿅 가나요?"

남자들이여! 여자는 온몸이 성감대입니다. 남자인 당신 역시 온몸이 성감대고, 이는 개발하기에 따라 핫스팟(hot spot)이 될 수도 있습니다. 얼굴만 해도 이마, 눈썹, 눈두덩, 속눈썹, 인중, 코, 코끝, 볼, 턱, 입술 등이 모두 성감대로, 손가락으로 쓸어내기만 해도 은근한 쾌감과 짜릿한 전율이 스쳐갑니다.

저는 가끔 사람들에게 묻습니다. 얼굴 가운데 귀와 목을 제외하고 어디가 가장 예민할까요? 그러면 대부분은 지레짐작으로 이마와 눈, 눈썹, 볼 등을 꼽습니다. 하지만 다른 부위가 평균 1의 쾌감을 준다고 가정했을 때 무려 10 이상의 짜릿한 쾌감을 주는 곳이 있으니, 바로 '입술'입니다.

당신의 집게손가락으로 입술을 스쳐보십시오. 느낌이 좀 다르긴 하지만 분명 10 이상은 아니라고요? 천만에요! 그건 당신의 터치 스킬이 잘못되었기 때문입니다. 다시 해보십시오. 집게손가락 끝이 입술에 닿을 듯 말 듯 슬쩍 움직여보세요. 견디기 힘든 짜릿한 자극이 느껴지지 않나요?

당신은 이미 터치의 기본 스킬을 배웠습니다. 여성의 몸은 어느 부분이든 상관없이 손끝이나 혀가 슬쩍 스쳐갈 때 아슬아슬한 쾌감을 느낍니다.

두드러진 핫스팟은 어디인가

눈치 빠른 독자라면 '섹스 중간중간에 손가락 끝으로 입술을 슬쩍 터치해서 여자친구(부인)를 짜릿하게 해줘야지.' 하고 이미 머릿속으로 생각했을 것입니다. 자, 그럼 이번에는 성감대 중에서도 조금 더 예민한 성감대, 핫스팟이 어디인지 살펴보도록 합시다.

사람마다 각각 성감대가 다르듯이 핫스팟 또한 개인에 따라 차이가 있습니다. 여러분이 생각하는 자신의 핫스팟은 어디인가요? 앞에서 언급했듯이 얼굴 부위에서 최고의 핫스팟은 입술입니다. 그래서 연인들은 키스를 통해 사랑을 확인하고, 새로운 키스 방법을 개발하기 위해 애를 씁니다.

그다음은 콧등과 코끝을 꼽을 수 있습니다. 손가락이 닿을 듯 말 듯 콧등을 슬쩍 훑어주면, 특히 마지막 코끝에 이르러서는 찌릿한 쾌감이 2~3에 달할 수 있습니다. 이 밖에도 눈썹과 이마, 볼, 속눈썹 등을 핫스팟으로 꼽는 사람도 있습니다.

귀와 목은 여성의 성감이 특별히 발달한 곳입니다. 귀는 대부분의 여성이 예민하게 느끼는 부분으로, 특히 귀 끝을 살짝 깨물거나 귓속에 바람을 호호 불어주면 그 짜릿함은 이루 말할 수 없습니다. 지스팟을 집중적으로 공략하는 섹스 후반기에 멀티플레이의 일종으로 귀와 목을 애무해보십시오. 깊은 쾌감에 빠져드는 연인의 표정을 감상할 수 있습니다. 귀는 대부분 남성에게도 자극의 정도가 높은 편이니 연인에게 애무를 부탁하는 것도 즐거운 섹스를 나누기 위한 좋은 방법이 될 수 있습니다.

목은 여성에 따라 호불호가 확실히 갈리는 부위입니다. 일부 여성은 목의 윗부분, 즉 귀밑에서 느껴지는 쾌감이 젖꼭지를 애무했을 때보다 더 크다고 말하기도 합니다. 목덜미를 깨물어주면

포드 매독스 브라운, 〈로미오와 줄리엣〉, 1870년, 캔버스에 유채, 윌밍턴 델라웨어 미술관

◎

줄리엣의 집에서 첫날밤을 보낸 다음 날 아침, 서둘러 몸을 피하는 로미오의 모습이다.
하지만 발걸음은 쉽게 떨어지지 않고, 로미오는 사다리에 발을 걸친 채
다시 줄리엣의 목덜미에 키스를 퍼붓는다.
로미오를 끌어안는 줄리엣의 모습에서 사랑과 슬픔이 동시에 느껴진다.

미칠 것 같다고 말하는 여성도 의외로 많습니다. 자신의 목이 어느 정도 예민한지 확인하고 싶은 분은 연인에게 집중적인 애무를 요구해보십시오. 한두 번에 그칠 게 아니라 오랜 시간을 두고 여러 번 반복해서 테스트해보십시오. 핫스팟은 처음부터 당장 느끼는 경우도 있지만, 서서히 개발되어 가는 경우도 허다합니다.

쇄골이나 어깨에 몹시 민감하게 반응하는 여성이 있는가 하면, 겨드랑이를 핫스팟으로 꼽는 여성도 있습니다. 기성세대와 다르게 요즘 여성들은 여름이 아니어도 실내와 실외에서 노출이 잦은 편입니다. 그래서 겨드랑이털을 자주 깎거나 영구적으로 제모하는 등 꾸준히 관리합니다. 겨드랑이가 핫스팟으로 발전할 가능성이 과거보다 훨씬 높아진 셈이지요.

허리와 등이 매우 예민해서 남성의 혀나 손길이 닿으면 움찔거리게 된다는 여성도 제법 있습니다. 심지어 어떤 여성은 배 부분의 성감대가 발달해서 배를 집중적으로 애무해줘야만 만족을 느끼기도 합니다.

엉덩이와 치골, 치골 아래쪽의 오목한 살 부위를 핫스팟으로 꼽는 여성도 많습니다. 대다수 여성은 남성의 손길이 치골을 타고 내려오다가 오목한 살 부위를 쓰다듬어줄 때 큰 만족을 느낀다고 합니다. 남성들 또한 자신의 연인이 그 부분에 민감하다고 증언합니다. 허벅지와 무릎, 무릎 안쪽, 종아리에 이르기까지 남자의 입술과 혀가 닿았을 때 뜨겁게 반응하지 않는 여자는 없습니다.

여기서 잠깐! 지금부터 대부분 남성이 모르고 지나치는 핫스팟 판도라의 상자를 열어보겠습니다. 여성들이 가장 예민하게 반응하는 그곳, 제가 주저 없이 추천하는 그곳은 바로 '발'과 '발가락'입니다.

발 전문가가 되자

지저분한 발이 최고의 성감대라고요? 제 말을 믿지 못하겠다는 분이 많이 계실 것입니다. 아니, 반감을 가지는 분도 있을 수 있습니다. 충분히 이해합니다. 저 역시 아프리카TV에서 처음 방송을 시작했을 때 가장 애를 먹었던 문제가 바로 이 부분으로, 나중에는 아무도 믿으려 하지 않아서 분노를 터뜨렸던 기억이 있습니다.

하지만 그때나 지금이나 저는 단호하게 얘기할 수 있습니다. "여성에게 발은 가장 예민한 성감대로, 발을 애무하는 것만으로도 오르가슴에 도달할 수 있습니다. 발과 클리토리스의 자극을 병행하면 90% 이상 극강의 오르가슴이 찾아옵니다. 최고의 희열을 느끼는가 못 느끼는가의 차이는 두터운 자각의 벽을 뚫고 나갈 수 있느냐 없느냐의 차이입니다. 그리고 그 자각의 벽을 뚫는 여러 가지 방법 가운데 가장 확실하고 자극적인 수단은 발과 발가락을 애무하는 것입니다."

그렇다면 발을 어떻게 공략해야 할까요? 우선 남성들이 공략해야 할 구체적인 부위는 다음과 같습니다.

1 발 전체
2 발가락과 발가락 사이사이
3 발바닥

그리고 벽을 깨는 데 쓸 수 있는 남성의 무기는 다음과 같습니다.

1 입술, 입술 아래쪽, 입 안쪽
2 혀
3 손, 손가락
4 손톱

준비가 되었나요? 이제 그 어떤 굳건한 성벽도 무너뜨릴 수 있는 공략 비법을 소개하겠습니다.

1 입술로 발가락과 발바닥, 발 전체를 촉촉이 적신다.
2 발가락 두세 개나 전부를 차례로 입안에 넣고, 아랫입술 안쪽이나 입 안쪽으로 정성껏 오랫동안 빨아준다. 파트너가 움찔하기 시작한다.

3 손가락을 발가락 사이사이에 집어넣고 정성껏 훑어준다. 기대감에 들떠 몸을 뒤척이는 파트너의 모습이 보인다.

4 혀를 각 발가락 사이사이에 넣어서 부드럽게 상하좌우로 핥아준다. 견디기 힘들어하는 파트너의 신음이 들려온다.

5 남자의 집게손가락 끝으로 지금 공략하는 발의 발바닥을 슬쩍슬쩍 긁어준다. 파트너의 신음은 어느새 교성으로 바뀌어 있다.

6 ⑴~⑷ 과정을 다른 발에 차례로 시행한다.

7 ⑸번 과정처럼 집게손가락 끝으로 발바닥을 긁어주되, 이번에는 양발을 동시에 해준다.

8 ⑴~⑺의 과정을 응용하여 자신만의 변주를 개발하거나 다양한 멀티플레이를 시도해본다.

9 마무리로 여성의 발을 쓰다듬고 입맞춤해준다. 자신의 가슴에 따뜻하게 안아서 여운을 남기는 것도 좋다. 이는 다음 행위를 위한 들뜬 촉매제 역할을 한다.

여기서 강력한 팁을 하나 공개하자면, 발과 클리토리스 자극을 병행하면 갑절 이상의 효과를 볼 수 있다는 것입니다. 이때 클리토리스를 집중적으로 애무하면서 발을 자극하는 방법이 있고, 발을 집중적으로 애무하면서 클리토리스를 애무하는 방법이 있습니다. 개인적으로는 후자의 방법이 더 효과적이라고 생각하지만, 둘 다 강렬한 쾌감을 선물하므로 교대로 병행하시면 좋습니다. 단지 교대로 병행할 때에도 전자를 먼저 실행하고, 후자를 나중에 집중적으로 공략하면 더 좋은 효과를 볼 수 있습니다.

4강

텐! 텐! 텐! 텐! 마법의 찬란한 출발점

주문을 외우는 데 필요한 시간, 10분

제가 하고 있는 섹스 강의는 여러분이 여성에게 멀티 올가란 선물을 주는 극강의 남자가 되는 것을 목적으로 합니다. 과연 그 비법은 따로 있을까요? 있습니다. 다행히 마법의 황금 열쇠는 확실히 존재합니다. 남자들은 저를 보며 간절히 청합니다.

"제발 그 방법을, 지름길을 알려주세요!"

그러면 저는 조급해하는 뭇 남자들에게 얘기합니다.

"이제부터 제가 말하는 것을 노트에 적어보세요. 호응이 적으면 바로 중단합니다! 제가 강의를 진행하면서 남성은 항상 여성에게 어떤 자세를 가져야 한다고 말했죠?"

"희생!" "봉사!" "서비스 정신!" "은근과 끈기!" "잔잔한 열정!"

"자! 그 기본 마음가짐을 잊지 마시고, 지금 말하는 마법의 공식을 노트에 적습니다. 텐! 텐! 텐! 텐!"

"텐! 텐! 텐! 텐!"

'텐! 텐! 텐! 텐!'이 무슨 뜻일까요? 몇 년 전 가수 이효리는 섹시한 몸짓으로 〈10 MINUTES〉이라는 노래를 불러 대한민국 남성들을 사로잡았습니다. 10분이면 당신을 무너뜨릴 수 있다는 자신감 가득한 표정으로 말이죠. 남자의 사랑을 쟁취하는 데 고작 10분이면 족하다니! 그런데 불과 몇 년 사이 시대는 더 빨라졌고, 급기야 드라마 〈별에서 온 그대〉의 천송이(전지현 분)는 고작 20초면 어떤 남자든 녹게 만들 수 있게 되었습니다. 꿈쩍도 하지 않던 돌부처 외계인 도민준(김수현 분)마저 19초 만에 이성을 잃고 그녀에게 키스를 퍼부어야 했죠. 숙명적인 신열의 고통을 감내하면서 말입니다.

이런! 이야기가 잠시 엉뚱한 방향으로 흘렀네요. 어쨌든 이효리가 얘기했던 자신감 넘치는 10분과 반대로 우리가 배워야 할 10분은 치열한 정성과 극기, 인고가 필요한 자기 인내의 시간입니다. 제가 강조한 '텐! 텐! 텐! 텐!'은 여성의 대표적인 핫스팟 네 곳을 남성의 입과 혀와 손으로 정성껏 애무하는 시간을 의미합니다. 여성의 대표적 핫스팟 네 곳은 다음과 같습니다.

1 가슴과 젖꼭지
2 발, 발가락과 발바닥
3 성기와 성기 주변
4 클리토리스

한 부위에 10분씩이나? 이렇게 되묻는 당신에게 저는 다시 한 번 강조하고 싶습니다. 소중한 여체의 각 부분에 1시간 이상 애무를 해도 모자랄 텐데, 한 부분에 10분을 아까워한다는 것은 섹스에 대한 기본자세가 되어 있지 않은 것입니다. 제가 대학 시절 '영미시' 시간에 배웠던 '바람둥이의 시'에는 이렇게 적혀 있었습니다. "나는 그대의 각 부분을 적어도 백 년씩 모두 일 만 년을 애무해주고 싶다."

언젠가 저는 아프리카TV 방송 시청자들에게 이렇게 물어본 적이 있습니다.

"만약 여성의 대표적 핫스팟 네 곳 중 꼭 하나를 골라서 5분만 할애한다면 어디가 좋을까요?"

이미 발과 클리토리스의 중요성을 깨달은 시청자들의 절반 정도는 눈치 빠르게 제가 원하는 답을 맞히는 편이었습니다.

"3번! 성기와 성기 주변입니다!"

사람에 따라 개인차가 있어서 꼭 정답이라고 할 수는 없지

◎
프랑스 귀족 집안에서 태어난 로트레크는
몽마르트르와 물랭의 화려하고 아름다운 야경에 일찍부터 빠져들었다.
특히 이 그림을 제작할 때에는 매음굴에서 1년 동안 기거하며
자유로운 쾌락을 마음껏 보고 접했다.

앙리 드 툴루즈 로트레크, 〈침대 안에서의 키스〉, 1892년, 판지에 유채, 개인 소장

만, 여성 성기는 추후 지스팟과 연결되어 오르가슴을 느끼게 하는 통로가 됩니다. 그러므로 오히려 처음 단계에서는 5분 정도 애무를 하는 것만으로도 충분한 자극이 됩니다.

실제로 '텐! 텐! 텐! 텐!' 마법의 주문을 실험해본 남성들은 그 무서운 폭발력에 놀라움을 금치 못했습니다. 나아가 자신들이 얼마나 무지하고 잘못된 자세로 섹스에 임해왔는지 진지하게 반성했습니다.

그렇다면 '텐! 텐! 텐! 텐!'을 넘어서는 더 강력한 마법의 주문은 없을까요? 있습니다! 여성을 멀티 올가로 인도하는 최고의 섹스 팁. 그것은 바로 동시다발적으로 애무를 진행하는 멀티플레이입니다.

5강

멀티플레이로 멀티 올가를 불러라

효과적인 멀티플레이 공략법

멀티플레이는 '텐! 텐! 텐! 텐!'보다 더 폭발적으로 여성의 반응을 이끌어낼 수 있습니다. 멀티플레이를 하는 방법은 쉽습니다. 처음 10분은 손과 혀, 입을 이용해 가슴과 유두를 애무하면서 동시에 다른 한 손으로 여성의 성기를 문지르고 비벼주면 됩니다. 다음 10분은 입과 혀로 발을 집중 공략하면서 손끝으로 클리토리스를 터치해주는 방식입니다.

한 번에 두 곳을 동시에 애무하면 4대 핵심 핫스팟의 애무 시간을 절반으로 줄일 수 있습니다. 하지만 그렇다고 해서 전체 애무 시간도 절반으로 줄어드는 것은 아닙니다. 명심하십시오! 전희는 적어도 30분에서 1시간 정도가 적당하다는 사실을. 나중에 당신이 진정한 고수가 되면 섹스를 시작한 지 10분, 아니 5분 만에도 초강력 멀티 올가를 선물할 수 있겠지만, 그 수준에 이르기 전까지는 절대적인 인내의 과정이 필요합니다. 물론 고수가 되도 적지 않은 시간을 전희에 투자하는 것은 중요하겠지만 말입니다.

애인이 평소 좋아하는 부분을 정성껏 애무한 뒤, 4대 핵심 핫스팟을 멀티플레이로 20분 정도 애무해보십시오. 그 자체만으로도 연인은 평소 삽입을 한 것과는 비교할 수 없는 더 큰 쾌감을 느끼게 될 것입니다. 지금까지 얘기한 이 모든 방법은 이 강의를 처음 듣는 당신을 위해 준비한 공식일 뿐입니다. 어느 정도 적응이 되면 다양한 응용이 가능하다는 얘기지요. 그럼 어떤 멀티플레이 조합이 있는지 차례차례 알아보도록 합시다.

두 가지 동시 멀티플레이의 예

1 ① 왼손으로 오른쪽 가슴을 터치하면서
   ② 혀로 왼쪽 젖꼭지를 애무한다.
2 ① 입으로 목덜미를 애무하면서
   ② 한 손으로 성기를 터치해준다.
3 ① 입과 혀로 발가락을 애무하면서
   ② 손끝으로 클리토리스를 터치해준다.

세 가지 동시 멀티플레이의 예

1. ① 입으로 귀에 바람을 불면서
   ② 한 손으로 젖꼭지를 말아주고
   ③ 다른 한 손으로는 클리토리스를 터치해준다.
2. ① 한 손으로 치골 안쪽을 쓸어내리면서
   ② 다른 손으로는 질 속을 자극하고
   ③ 입으로 발가락을 애무한다.
3. ① 입으로 목덜미를 애무하면서
   ② 한 손으로 클리토리스를 비벼주고
   ③ 오른발 엄지발톱으로 왼발 발바닥을 슬쩍 긁어준다.

네 가지 동시 멀티플레이의 예

① 입으로 가슴과 유두를 애무하고
② 오른손으로 왼쪽 귀를 문지르거나 슬쩍 터치하며
③ 왼손으로 허벅지를 쓰다듬고
④ 오른쪽 무릎을 가랑이 사이에 끼워서 음부를 살짝살짝 위아래로 문질러준다.

다섯 가지 동시 멀티플레이의 예

① 혀로 얼굴을 핥아주고
② 오른손으로 등을 어루만지며
③ 왼손 손가락으로 차례차례 양쪽 젖꼭지를 터치한다.

④ 오른쪽 무릎을 음부 사이에 넣어서 닿을 듯 말 듯 상하로 쓸면서 뜨겁게 달구며

⑤ 왼발 발가락으로 파트너의 오른발 발등을 긁어준다.

여섯 가지 동시 멀티플레이의 예

① 입으로 목을 슬쩍 깨물어 여기저기 키스마크를 남기고

② 왼손으로 오른쪽 젖꼭지를 자극해 움찔거리게 하며

③ 오른손으로 왼쪽 유방을 쓰다듬거나 문지르는 등 자극을 준다.

④ 페니스로 여성의 성기와 클리토리스를 비비며

⑤ 왼발 발가락으로 오른쪽 발등을 긁어주고

⑥ 오른발 발가락으로 왼쪽 발등을 긁거나 발가락 사이에 넣어 간지럽게 한다.

※ 목에 남기는 키스마크는 연인이 직장에 다니지 않거나 휴가 기간일 경우에만 가능하다.

일곱 가지 동시 멀티플레이의 예

① 입으로 정성껏 키스를 하고

② 왼손으로 그녀의 오른쪽 귓가를 어루만지며

③ 오른손으로 허리를 정성껏 쓰다듬어준다.

④ 사이사이 자신의 가슴과 허리를 파트너의 따뜻한 젖가슴과 배 위에 겹치거나 비틀면서 터치해 포만감을 느끼게 해주며

⑤ 페니스를 아예 질 속에 넣고 조금씩 움직인다.
⑥ 오른발 엄지발가락으로 왼발등을 슬쩍슬쩍 긁어주고
⑦ 왼발 엄지발가락으로 오른발등을 슬쩍슬쩍 긁어준다.

자! 예를 들어 제시한 일곱 가지 멀티플레이에 감미로운 음악을 틀거나 달콤한 말을 속삭이면 청각적 효과가 어우러진 여덟 가지 멀티플레이가 될 수 있고, 야한 영상을 틀어놓으면 아홉 가지 멀티플레이가 될 수도 있습니다.

그러나 이 강의의 핵심은 결코 그런 숫자 나열이나 유희에 있지 않습니다. 이러한 나열은 여러분이 멀티플레이에 대한 인식이 얼마나 부족한가를 강조하기 위한 것이며, 다양한 스킬의 종류를 보여주기 위한 것입니다. 단 두세 가지의 멀티플레이라도 진심과 정성을 다하는 모습을 보일 때 여러분의 연인은 진정한 행복에 다다르게 됩니다. 견디기 힘든 복합적 자극의 연속에 몸부림을 치며 멀티 올가를 향해 달려가게 됩니다.

제 개인적인 경험을 말씀드리자면 가장 강력한 멀티플레이는 입과 혀로 발가락을 애무하면서 클리토리스를 연속 터치하는 것입니다. 항문을 핥아주면서 클리토리스를 터치하거나, 클리토리스를 애무하면서 지스팟을 연속 공략하는 방법도 여성에게 큰 쾌락을 선물할 수 있습니다.

남성들이여, 명심하십시오! 멀티플레이를 잘 활용하는 고수만이 멀티 올가를 자주 선물할 수 있습니다.

에곤 실레, 〈포옹〉, 1917년, 캔버스에 유채, 빈 오스트리아 미술관

◎
실레는 불안정했던 어린 시절의 기억을 간결한 선과 강렬한 색채로 표현했다.
역동적인 근육의 움직임과 색채 변화는 노골적인 에로스를 예술로 승화시킨다.
서로를 적극 끌어안는 두 사람의 모습에서 깊은 사랑이 느껴진다.

6강

줄지어 쏟아지는 생생한 증언들

희소식이 들려오다

아프리카TV에서 강의 방송을 시작한 지 2~3일 만에 깜짝 놀랄 만한 증언들이 쏟아지기 시작했습니다. 사실 방송 초기에는 저 스스로도 겸연쩍은 부분이 있어 가벼운 농담을 섞어가며 강의를 진행했는데, 그 교육 내용의 효과는 폭발적이었습니다.

맨 먼저 놀라운 체험 결과를 증언해준 사람은 인천에 사는 25세의 '남양주' 님이었습니다. 이 분은 원래 '주먹이 운다'라는 아이디를 사용했는데, 제가 경기도 구리에 거주한다고 하니까 자기도 과거 남양주에 살았다며 저를 의식해서 아이디를 바꾼 재미있는 친구였습니다.

회사원이었던 '남양주' 님은 일주일에 한두 번 관계를 가지는 두 살 연상의 애인이 있었습니다. 그런데 최근 섹스가 재미도 없고 권태기에 빠진 것 같아서 걱정이라고 했습니다. 그래서 멀티플레이 비법을 꼼꼼하게 가르쳐 주었더니 바로 다음 날 놀라울 만한 소식을 들고 나타난 것입니다. 그는 저를 '스승님', '사부님'으로 부르면서 애인의 놀라운 변화를 증언해주었습니다.

우선 그는 평소 자신이 하던 방식을 버리고 제가 가르쳐준 대로 은근과 끈기, 희생과 봉사 정신을 발휘해 지속적인 애무를 실시했다고 합니다. 그랬더니 애인이 "당신, 도대체 어디서 이렇게 놀라운 기술을 배워온 거야?"라며 즐거운 표정을 지었다고 합니다. 특히 멀티플레이를 진행했을 때에는 그녀의 입에서 "이젠 죽어도 좋아……."라는 말이 연이어 흘러나와 실소를 금치 못했다고 합니다. 하이라이트는 제가 특히 강조했던 발과 클리토리스 자극의 멀티플레이를 시행했을 때였습니다. 그녀가 제발 그만해 달라고 애원을 하면서 몸을 비틀었지만 그는 끝까지 멈추지 않았고, 마침내 그녀는 생애 최고의 오르가슴을 느꼈던 것입니다. 그리고 한차례 폭풍이 지나간 뒤 그녀가 화들짝 놀라며 침대 시트를 가리키더랍니다.

"자기야! 여기 좀 봐. 물이 정말 많이 나왔어!"

침대 시트 위에는 실제로 많은 양의 물이 흥건하게 고여 있어서 그도 깜짝 놀랐다고 합니다.

　　남양주 님의 증언은 여기서 그치지 않았습니다. 저한테 배운 기술을 두 번째로 체험하고 난 뒤에도 역시 들뜬 목소리로 이렇게 전했습니다.

　　그의 애인은 섹스를 시작하기도 전부터 고조된 표정이었고, 평소에 하지 않았던 샤워를 함께하자고 제안했으며, 자신의 몸을 구석구석 섬세하게 씻겨주었다고 합니다. 그녀의 서비스는 여기서 끝나지 않았습니다. 평생 처음 그녀의 입술과 혀로 남양주 님이 해주었던 것처럼 온몸을 애무하고, 펠라티오까지 오랜 시간 공을 들여 해주었다고 합니다. 그런데 가장 충격적이었던 점은 그녀가 "다른 여자를 만나고 다녀도 좋으니까 결혼만은 제발 나랑 해줘."라고 말했다는 사실입니다. 도대체 남양주 님의 멀티플레이가 얼마나 좋았기에 이런 말까지 할 수 있었던 걸까요. 그리고 두 번째 섹스는 그녀의 능동적인 자세 덕분에 처음보다 애무 시간이 좀 줄었다고 했습니다. 이렇게 남양주 님의 보고서가 전달되자 강의를 듣던 나머지 사람들도 하나둘 자신의 체험 결과를 공유하기 시작했습니다.

멀티 올가는 다르다

　　23세의 '팡이허니잼' 님은 제게 배운 기술을 사용한 뒤 애인

아메데오 모딜리아니, 〈푸른 쿠션 위의 누드〉, 1917년, 캔버스에 유채, 워싱턴 내셔널 미술관

◎

모딜리아니의 누드화에 등장하는 여인들은 생동감이나 역동성과는 거리가 멀다. 편안한 자세를 취하고 우아한 아름다움으로 보는 이를 유혹한다. 그림 속의 여인은 무엇이 그리 마음에 드는지 행복한 미소를 짓고 있다.

에게 황제 대접을 받는다며 기뻐했습니다. 25세 '불꽃여우' 님은 애인의 물이 그렇게 많은 줄 몰랐다며, 애인이 그동안의 수동적인 자세에서 벗어나 놀라운 허리돌림을 구사하기에 이르렀다고 전했습니다. 23세 '모르딕' 님과 24세 '와트' 님은 애인을 애무하다가 오줌 줄기 같은 분사를 처음 목격했다고 전해 다른 사람을 즐겁게 만들기도 했습니다.

그러나 그들 가운데 멀티 올가를 성공한 사람은 아무도 없었습니다. 최초로 효과를 보았던 남양주 님에게도 저는 이렇게 말했습니다. "그런데 멀티 올가에 성공한 것은 아니잖습니까?" 그가 어떻게 알았느냐고 묻기에 저는 이렇게 대답했습니다.

"애인의 반응, 특히 목소리의 억양을 보면 압니다. 남양주 님의 애인이 화들짝 놀라서 '자기야! 물이 정말 많이 나왔어!'라고 외칠 때에는 일단 멀티 올가가 아닙니다. 멀티 올가를 처음 경험한 여인은 표정과 말투가 달라집니다. 태풍처럼 밀려오는 강력한 쾌감에 정신이 혼미해지고 부르르 몸을 떨게 되죠. 그리고 아주 낮은 톤으로 부끄러워하면서 이렇게 얘기합니다.

자…… 자…… 자기야……. 나…… 나…… 이상해……. 온몸이 떠…… 떠…… 떨려와……. 거…… 거기가…… 이상…… 해. 무…… 무…… 물이…… 계…… 속 나와……. 머…… 멈추질…… 않네. 어…… 어쩌지?"

제가 최대한 낮고 떨리는 목소리로 당황한 여성의 흉내를 내자 강의를 듣던 사람들은 웃음을 터뜨렸습니다. 하지만 실제 멀티 올가에 오른 여성의 반응은 이 정도 표현으로도 부족한 감이 있습니다. 생각해보십시오. 남성이 사정할 때 느끼는 쾌감보다 무려 백배나 강한 의식의 카오스 상태가 평생 처음 찾아왔는데, 어찌 호들갑을 떨 수 있겠습니까? 여성은 자신의 충격을 표현하지 못한 채 파들파들 떨고 있을 뿐입니다.

멀티 올가의 충격적인 반응

강의를 시작한 지 8일 뒤, 드디어 다른 사람들이 보인 한계를 극복하고 처음으로 멀티 올가를 누린 커플이 탄생했습니다. 42세의 '여행버미' 님과 그의 연인인 38세 돌싱녀가 바로 그 주인공이었습니다. 총각인 남자는 마흔두 해가 지나도록, 또 돌싱녀인 여자는 서른여덟 해가 지나도록 느껴보지 못한 멀티 올가의 서광이 그 두 사람에게 비치기 시작했던 것입니다.

여행버미 님은 평소 말을 하지 않고 묵묵히 바라보기만 하던 분이었습니다. 제가 답답해서 채근을 하면 늘 "저는 그렇게 봉사할 타입이 아니라서요." "어떻게 클리토리스를…… 냄새가 싫어요." "발가락을 어떻게 빨 수 있죠? 게다가 항문이라니……." 이런 식으로 대답을 하곤 했습니다.

그랬던 그가 변화를 결심한 이유는 남양주, 팡이허니잼 님 등 젊은 친구들의 호들갑스러운 증언 때문이었습니다. 강의를 시작한 지 6일째, 갑자기 여행버미 님이 들뜬 목소리로 말을 건네왔습니다.

"저 마침내 해냈어요! 다 해봤어요!"

"무엇을요?"

"슈퍼무당(필자의 아프리카TV 대화명) 님이 하라는 거요. 그동안 말씀해주신 것들을 이번에 다 해봤습니다!"

그는 애인이 그렇게 좋아할 줄 몰랐다며 제 말처럼 애액 배출량이 급격히 늘었다고 증언했습니다. 그러고는 남양주 님의 여친이 그랬던 것처럼 어디서 이런 기술을 배워왔느냐며 추궁도 당했다고 했습니다. 소극적이었던 그의 놀라운 변화에 저는 한껏 고무되는 기분이 들었습니다.

하지만 그때까지만 해도 여행버미 님은 아직 멀티 올가의 단계에 올라선 상태가 아니었습니다. 그의 충격적인 고백은 이틀 뒤에 펼쳐졌습니다. 저한테 배운 대로 두 번째 관계를 맺던 날 그는 경천동지할 만한 애인의 변화를 목격했다고 했습니다. 1시간 정도 정성스럽게 멀티플레이를 포함한 애무를 하자 그녀가 20분 사이에 세 번이나 커다란 오르가슴을 느꼈고, 애액의 배출량이 너무 많아서 침대 시트를 아예 갈아야 했다는 것입니다. 특히 그녀가 행위 도중 스스로 자신의 가슴과 온몸을 애무하는 모습을 보고 충격을 받았다고 그는 얘기했습니다.

요즘 여행버미 님의 행복한 고민은 애인의 은밀한 시선이라고 했습니다. 눈이 마주칠 때마다 강렬한 열망을 담은 시선이 느꺼져서 부담스럽다고 했습니다. 그래서 저는 '기(氣)를 빼앗기지 않고 멀티 올가를 선물하는 방법(제2부 27강 참고)'을 강의해주었고, 그는 지금도 행복한 성생활을 누리고 있습니다.

    여행버미 님의 사례가 보고된 이후에도 증언은 끊이지 않고 올라왔습니다. 대부분은 제 강의를 통해 실제로 효과를 보았으며, 그렇게 좋아하는 연인의 모습을 보며 감동을 받았다는 것이었습니다. 어떤 이는 저를 스티브 잡스에 비유하며 세상을 바꾼 리더에 비유하기도 했습니다. 저 또한 제 강의가 그들의 인생에서 가장 중요한 부분을 깨우치게 했다는 사실이 매우 뿌듯하고 흡족했습니다.

7강

지스팟을 공략하면 멀티 올가가 보인다

부드러운 섹스가 좋다

　섹스를 할 때 남자들이 가지고 있는 가장 잘못된 편견은 '페니스 중심의 파워 있는 움직임이 여성을 만족시키는 최고의 방법'이라는 것입니다. 물론 페니스로 지스팟을 집중 공략해 멀티 올가에 오르게 할 수 있고, 저 또한 그런 경험이 많습니다. 하지만 대부분의 경우에는 피스톤 운동만으로 멀티 올가에 오르게 하기가 쉽지 않습니다. 섹스를 할 때 여성들이 진정으로 원하는 것은 내면을 촉촉하게 적셔줄 만큼 섬세한 애무와 그 과정을 통해 얻는 잔잔하면서도 달콤한 희열입니다.

여성들에게 '부드러운 섹스가 좋은가, 격렬한 섹스가 좋은가'를 물어보면, 그녀들은 하나밖에 선택할 수 없는 걸 아쉬워하면서도 십중팔구는 '부드러운 섹스'라고 답합니다. 피스톤 운동을 부드럽게 하면 되지 않느냐고 반문할 수 있지만, 피스톤 운동은 어떻게 하더라도 핫스팟을 정성스럽게 애무해주는 부드러움에 미치지 못합니다.

여성의 성적 만족은 크게 두 가지 과정으로 이루어집니다. 첫 번째 과정은 남성의 손가락이나 페니스, 기구 등을 통해 얻을 수 있는 질내 오르가슴입니다. 지스팟은 질내 오르가슴을 얻기 위해 공략하는 대표적인 신체 부위죠.

두 번째 과정은 핫스팟을 꾸준히 자극하여 획득하는 질외 오르가슴입니다. 이 경우 소음순과 대음순을 포함한 여성 성기의 표피 부분을 어디에 포함시키느냐가 문제시될 수 있는데, 표피 부분은 외부 마찰과 애무에 훨씬 더 민감하게 반응하므로 질 바깥쪽에 포함시키도록 하겠습니다. 질외 오르가슴을 얻는 대표적인 방법으로는 클리토리스 자극을 들 수 있으며 그래서 '음핵 오르가슴'이라 불리기도 합니다.

이미 앞에서도 이야기했지만 이 책은 질내 오르가슴보다 질외 오르가슴의 우수성에 더 초점을 맞추고 있습니다. 온몸 애무와 핫스팟, 특히 4대 핵심 핫스팟을 멀티플레이로 자극하는 헌신적인 노력이 결합할 때 여성을 멀티 올가로 이끌 수 있다는 게 제 강의의 핵심 내용입니다.

그렇다고 해서 제가 지스팟을 통한 극강의 희열을 소홀히 여기는 것은 아닙니다. 지스팟은 최강 고수가 되려는 남성이 반드시 공부해야 하는 신비하고도 찬란한 보석입니다. 그러한 이유로 7강에서는 지스팟에 대한 모든 것을 다루어보고자 합니다.

지스팟을 자극하라

여기서 여러분에게 또 하나의 강력한 팁을 드리겠습니다. 본격적인 피스톤 운동을 시작하기 전에 손가락을 활용해서 충분히 지스팟을 자극해주십시오. 단, 이때 주의해야 할 점은 손가락을 세 개 이상 넣어서는 안 된다는 것입니다. 한 개나 두 개의 손가락을 통한 자극이 가장 적당한데, 연인에게 물어보면 그 두께와 깊이 등을 정확히 알 수 있습니다. 보통은 가운뎃손가락을 이용해 지스팟을 자극하는 게 가장 좋습니다.

물론 이때에도 다른 핫스팟을 멀티플레이로 애무해주면 더 큰 쾌감을 선물할 수 있습니다. 이를테면 오른손으로 지스팟을 자극하면서 왼손으로는 젖꼭지를 꼬집어주고, 입으로는 목덜미를 애무하는 것입니다. 제가 예민하다고 강조했던 발 부분을 공략하는 것도 좋은 방법이 될 수 있습니다.

불행하게도 피스톤 운동을 통한 자극에 실패해 남자만 느끼

윌리엄 J. 글래큰스, 〈사과를 든 여성〉, 1910년경, 캔버스에 유채, 뉴욕 브루클린 미술관

◎

농익은 나체의 여신과 붉은 사과가 매우 잘 어울린다.
탄력이 느껴지는 가슴과 살짝 튀어나온 쇄골, 음부를 가린 손수건.
하지만 무엇보다도 도발적으로 느껴지는 건 모델의 눈빛이다.
공허해 보이지만 날카로운 그 눈에서 본능을 일깨우는 무엇인가가 느껴진다.

고 연인이 오르가슴에 오르지 못했다면, 다시 손가락을 통한 자극으로 전환하여 오른손 가운뎃손가락으로 지스팟을, 왼손 집게손가락으로 클리토리스를 정성껏 자극해주면 됩니다. 만약 이마저도 실패한다면 연인을 따뜻하게 감싸 안아주십시오. 그리고 머리카락을 쓸어주며 이번에는 실패했지만 다음에는 반드시 멀티올가를 느끼게 해주겠다고 속삭이십시오. 그녀는 분명 오르가슴을 느낀 것 이상의 행복에 빠져들 것입니다. 섹스에는 오르가슴에 앞서 마음과 마음의 따스한 소통이 훨씬 중요합니다.

지스팟은 어디에

1950년 독일의 산부인과 의사 에르네스트 그레펜베르크가 처음 발견한 지스팟은 그 존재 여부와 성감의 정도, 실제 위치에 대한 논의가 아직까지도 이어지고 있습니다. 그동안의 연구 결과를 종합해보면 지스팟은 질 안쪽 4~6cm 사이에 위치하며, 4.5~5cm 사이가 가장 유력합니다.

그런데 이렇게 수치를 정확하게 제시하지 않아도 일반인 중에는 지스팟의 위치를 정확히 찾을 수 있는 사람이 적지 않습니다. 그들은 "섹스 도중 질 속에 손가락을 넣어보면 전반적으로 부풀어 오른 내부 가운데에서도 특히 도톰한 돌출 부위가 느껴진다."라고 이야기합니다. 제 생각에도 분명 도톰한 무엇인가를 만

질 수 있고, 그 부분을 자극했을 때 여성이 민감하게 반응하는 걸 보아 지스팟이 맞는다고 생각합니다. 하지만 개인마다 그 위치와 반응이 조금씩 다르니 확신할 수는 없습니다.

심지어 최근에는 '제3 지스팟 이론'이 힘을 얻고 있습니다. 지스팟에 대한 고전적인 이론을 계승하되, 그 범위를 확대했다고 이해하시면 됩니다. 그 이론에 따르면 제2 지스팟은 우리가 흔히 알고 있는 부분으로 질 입구에서 4.5cm 부근에 위치하고 있습니다. 여기에서 손가락을 앞쪽으로 당기면 질 1~2cm 안쪽에 주머니 비슷한 것이 있는데 이게 바로 물이 터지는 제1 스팟입니다. 제1 스팟에서 물이 터지기 시작하면 여성은 맥이 풀리고 정신이 혼미해져 힘을 제대로 쓰지 못하게 됩니다. 제3 지스팟은 손가락을 엉덩이 방향으로 넣었을 때 푹 들어가는 곳에 있습니다.

손가락을 이용한 정교한 자극

지금까지 밝혀진 지스팟의 위치를 사실로 가정했을 때 지스팟 자극에 유리한 체위로는 여성 상위, 측와위, 후배위 등 페니스가 깊이 들어가는 자세를 꼽을 수 있습니다. 그러나 정상위가 지스팟을 자극하는 데 불리한 것은 절대로 아닙니다. 오히려 정상위에서 자신이 원하는 대로 속도와 세기를 조절하는 게 유리할 수도 있으며, 여성의 다리를 양어깨에 올리고 각도를 조절해 삽입함으로써 강한 자극을 전달할 수도 있습니다.

오늘날 상당수의 여성은 자위행위 시에 클리토리스 자극과 손가락 피스톤 운동을 병행하고 있습니다. 그러므로 섹스를 할 때 여성의 입장에서는 거칠게 들어오는 페니스보다 투시경처럼 섬세하게 들어오는 손가락이 더 기분 좋게 느껴질 수도 있습니다. 이때 손가락은 페니스보다 더 정교하게 질 안쪽을 자극할 수 있다는 장점이 있지만, 손톱이 길거나 지나친 자극을 가하면 상처가 날 수 있으므로 주의해야 합니다.

손가락은 연속적인 섹스로 남성의 피로가 극에 달했을 때, 즉 더 이상 기를 빼앗기지 않고 연인을 즐겁게 해주고 싶을 때 유용한 수단으로 쓰입니다. 하지만 페니스를 이용한 피스톤 운동에 다양한 변화가 필요하듯이 손가락을 이용한 섹스 역시 리듬이나 각도, 강도 등을 다양하게 구사해야만 연인의 만족을 불러올 수 있습니다.

처음 멀티 올가를 경험하는 여성들은 지스팟 공략을 두려워하는 경향이 있습니다. 그러나 익숙해지면 익숙해질수록 지스팟 자극을 즐겁게 받아들이며, 이 자극을 통해 멀티 올가로 가는 지름길을 찾기도 합니다.

여기서 우리 남성들이 잊지 말아야 할 한 가지는 지스팟을 공략하기 전에 손과 입, 혀를 통한 정성스런 애무로 멀티 올가의 바탕을 마련해야 한다는 사실입니다. 애액 배출량 또한 지스팟을 자극해 얻는 멀티 올가보다 클리토리스를 중점적으로 애무해서 얻는 멀티 올가가 훨씬 많습니다.

자, 남성 여러분! 이제 지스팟에 대한 지식이 어느 정도 쌓이셨나요? 그럼 오늘 저녁부터 멀티플레이와 함께 지스팟도 적극 공략해보시기 바랍니다.

8강

딱따구리를 위한 다양한 변주

이상적인 삽입 시점

제가 강의를 하던 아프리카TV에 '호빠라뀨'라는 28세 남자와 '호빠단골'이라는 26세 여자가 함께 접속한 적이 있습니다. 한눈에 두 사람이 커플이라는 사실을 눈치챈 저는 여성에게 호스트바에 자주 다니는지 물었습니다. 호빠단골 님은 한 달에 두세 번을 다니는데 경제적으로 유복한 남자친구가 자기를 달래주려는 목적에서 그런다고 했습니다. 황당해진 제가 대체 어떤 불만이 있기에 남자친구가 호스트바까지 보내주느냐고 묻자 그녀는 대

뜸 "오빠가 딱따구리라서요."라고 답했습니다. 곧이어 호빠라규 님이 "제가 바로 문제의 딱따구리입니다."라며 겸연쩍은 목소리로 대화에 참여했죠.

저는 그 커플의 문제점이 무엇인지 바로 알아챌 수 있었습니다. 두 사람의 고민은 대부분 커플이 가지고 있는 고민이기도 합니다. 남자는 딱따구리처럼 세차게 규칙적으로 피스톤 운동을 하는데, 여자는 점점 흥이 떨어지더니 결국 토라져버리고 마는 현실! 여성의 마음을 돌려보려고 이것저것 시도해보지만 마음대로 되지 않는 비참한 현실!

권태로운 딱따구리 호빠라규 님은 과연 극강 희열을 선사하는 사랑의 전도사로 다시 태어날 수 있을까요? 그 해결의 황금 열쇠는 언제 피스톤 운동을 시작할 것이냐에 달려 있습니다.

가장 이상적인 삽입 시점은 꾸준한 애무와 멀티플레이로 연인을 멀티 올가에 올려놓은 직후입니다. 생각해보십시오! 30~40분의 애무를 통해 이미 질 입구에서는 애액이 쏟아지고 있는데, 그때 남자가 웅장하고 꼿꼿한 페니스를 꺼내 든다면 그녀는 놀라서 제발 살려달라고 애원할 수밖에 없을 것입니다. 실제로 일부 여성은 오럴 섹스를 통해 대리 만족하면 안 되겠느냐며 사정을 하기도 하고, 페니스를 피해 이리저리 엉덩이를 돌리기도 합니다. 이럴 경우 그녀가 맨 처음 오르가슴을 느낀 이후에 삽입을 하는 것으로 미리 타협을 할 수 있습니다. 그러면 여성은 공포와 부담 대신 익숙한 멀티 올가에 대한 기대감으로 남성을 받아들이게 됩니다. 물론 남성은 이때에도 피스톤 운동의 세기와 속도를 적절하게 조절해 여성이 몇 번이고 멀티 올가에 이르도록 이끌 의무가 있습니다.

여기서 잊지 말아야 할 건 피스톤 운동을 하면서도 가슴과 젖꼭지의 애무를 멈추지 말고, 가능하면 클리토리스를 찾아내 자극을 지속해줘야 한다는 것입니다. 특히 후배위나 측와위에서 이 자세는 큰 효과를 발휘합니다. 동시다발적인 자극을 받은 여성은 더 쉽게 멀티 올가에 이를 수 있으며, 남성 또한 여성이 오르가슴을 느끼는 사이 휴식을 취하며 사정을 조절할 수 있습니다.

아직 섹스에 익숙하지 않은 남성은 애무를 통해 오르가슴을 유도하는 데 실패할 수 있습니다. 반대로 아무리 남자의 스킬이 뛰어나도, 그날 연인의 컨디션이 좋지 않으면 애무를 통한 오르가슴에 실패할 수 있습니다. 그래도 지속적인 애무를 통해서 연인의 몸을 상당 부분 뜨겁게 달구어놓은 뒤에 삽입을 하십시오. 그것만으로도 그동안 여러분이 해온 섹스보다는 몇 배 더 효과적입니다.

변화는 여자를 설레게 한다

지스팟 공략의 핵심인 피스톤 운동은 여러분이 늘 중점적으로 해오던 교과서적 행위입니다. 대부분 처음에는 규칙적으로 움

에드바르 뭉크, 〈파리의 누드〉, 1896년경, 캔버스에 유채, 오슬로 내셔널 미술관

◎

어렸을 때부터 육체적·정신적으로 심약했던 뭉크는 인간 세계를 비극적으로 묘사한 작품을 많이 남겼다. 이 누드화 역시 마찬가지다. 봉긋 솟은 가슴과 잘록 들어간 허리가 매력적이지만 성욕을 자극하지는 않는다. 오히려 그녀의 표정에는 세상사의 괴로움과 슬픔마저 묻어난다.

직이다가 마지막에 급속도로 속도를 올리고 마침내 폭발해버리고 말죠. 물론 대부분의 여성은 후반부의 격렬하고 불꽃같은 산화를 즐기는 편입니다. 하지만 제가 여기서 강조하고 싶은 것은 피스톤 운동의 전반부와 중반부에 다양한 리듬 변화가 이루어졌을 때 여성을 더욱 설레게 할 수 있다는 점입니다.

예를 들어 1초 간격으로 삽입 운동을 하다가 적당한 시점에 변화를 주는 것이죠. 페니스를 깊숙이 집어넣지 않고 2~3cm 지점에서 대여섯 번 움직이다가 마지막 순간 두 번 연속으로 온 힘을 다해 찔러보십시오.

스 - 스 - 스 - 스 - 스 - 팍 - 팍
(약 - 약 - 약 - 약 - 약 - 강 - 강)

한 걸음 더 나아가서 아예 질 안에 들어가지 않고 일정 시간 동안 밖에 머무르다가 갑자기 두 번 연속 깊게 찌를 수도 있습니다.

------ 팍팍 ------ 팍팍
(------ 강강 ------ 강강)

이렇게 '끊어치기' 방법을 잘만 응용하면 다양한 리듬의 변주가 가능합니다. 전통적인 굿거리장단(덩 기덕 쿵 더러러 쿵 기덕 쿵 더러러)이나 세마치장단(덩 덕 덕쿵덕), 자진모리장단(덩 덩 덩 덕

쿵) 등을 활용해보는 것도 좋습니다.

다다 - 스스스 - 팍팍
(중중 - 약약약 - 강강)

팍 - 스스스 - 다다 - 팍팍
(강 - 약약약 - 중중 - 강강)

------ 팍 -------- 스스스 ------ 팍팍
(------ 강 -------- 약약약 ------ 강강)

이때 주의할 점은 자칫 조준을 잘못하여 여성에게 극심한 고통을 주거나 남성의 성기가 꺾이는 것입니다. 갑자기 진입할 경우 삽입이 원활하지 않을 수 있으므로 미리 애액을 모아두거나 침 또는 러브젤을 발라주십시오.

변칙적인 피스톤 운동은 반드시 연인의 기분이나 상태를 살피고 동의를 구한 뒤에 해야 합니다. 상대 입장을 고려하지 않은 지나친 유희는 불쾌감만 줄 수 있습니다. 그래도 이 방법을 가끔 사용해보라고 권하는 이유는 이러한 시도가 연인의 마음을 설레게 하고 들뜨게 하며, 또 초조와 불안에 의한 쾌감의 상승효과까지 불러올 수 있기 때문입니다.

여기서 또 하나의 팁은 연인이 더욱 민감하게 느끼는 규칙적

인 속도 주기나 변칙적인 기교를 찾아내라는 것입니다. 규칙적일 때에는 어느 각도와 얼마만큼의 속도에 예민한지, 변칙적일 때에는 어떤 패턴을 좋아하는지 연구해보십시오. '휘어치기', '긁어 올려치기', '좌삼삼우삼삼', '상삼삼하삼삼' 등 각도와 방향을 바꾸어 공략하면 여성의 실린더(질)는 걷잡을 수 없이 무너져버릴 것입니다. 다만 한 가지 명심할 점을 말씀드리자면 여성은 지나친 변화보다 질서 있는 리듬을 더 편하게 여기는 편입니다. 그러므로 지나치지 않는 범위 내에서 가끔 변화를 즐기도록 하십시오.

9강

남자는 모른다
여자가 좋아하는 스킨십!

코와 뺨은 행복의 통로

손을 잡거나 서로를 안는 행위는 연인들의 친밀도를 높여주고 감정을 통하게 합니다. 그중에서도 코와 뺨의 스킨십은 매우 뛰어난 효과를 가지고 있습니다.

코는 자신의 감정을 매우 섬세하고 예민하게, 지극히 부드우면서도 다정하게 전달해주는 이상적인 도구입니다. 코끝을 연인의 뺨에 비벼보세요. 코끝으로 그녀의 온몸을 구석구석 간질여주세요. 때로는 부드럽게 천천히, 때로는 거칠고 빠르게 장난을 쳐보세요. 애정이 듬뿍 담긴 당신의 터치에 그녀는 점점 빠져들 것입니다.

뺨 역시 사랑의 온도를 느끼게 해줄 수 있는 훌륭한 무기입니다. 당신의 뺨을 연인의 뺨에 대고 비비거나 가슴, 엉덩이, 등허리에 비벼보세요. 포근함을 넘어 포만감마저 느끼게 될 것입니다. 뺨과 귀를 연인의 가슴에 밀착시키고 심장 뛰는 소리를 들어보세요. 서로의 마음이 통해 하나가 되는 걸 느낄 수 있을 것입니다. 코와 뺨은 사랑을 표현하는 데 놓칠 수 없는 빛나는 분신입니다.

비 오는 날에는 가슴에 키스마크를!

모든 동물, 특히 맹수류는 다른 동물이 자신의 영역에 함부로 들어오지 못하게 나무에 상처를 내거나 오물을 뿌리는 식으로 힘을 과시합니다. 마찬가지로 남자도 그녀가 자신의 소유(?)임을 확인하고 과시하려는 잠재된 본능이 있습니다. 그러나 현실은 그리 녹록지 않습니다. 어장 관리에 바쁜 그녀는 다양하고 기발한 방식으로 당신의 과시 본능을 흐려놓으려 합니다.

키스마크는 그녀가 자신의 연인임을 드러낼 수 있는 좋은 표식입니다. 그런데 문제는 여자들이 키스마크를 달가워하지 않을 뿐만 아니라, 심지어 경악한다는 점입니다. 여자들은 그런 식으로 자신의 능력을 과시하려는 남자의 본능을 심히 경계합니다.

남성 여러분! 이러한 여자들의 행동을 섭섭하게 생각하지는

오귀스트 로댕, 〈키스〉, 1882년경, 대리석에 조각, 파리 로댕 미술관

◎
연인과의 키스는 아름다운 일이지만 허락받지 못한 사이의 키스는 슬프고 괴로운 일이다.
평소 단테의 『신곡』을 즐겨 읽었던 로댕은
정략결혼 때문에 형수와 시동생 사이가 된 연인의 키스를 비극적으로 표현했다.

마십시오. 당신이 그러하듯 여성들도 학교에 가거나 직장에 출근하는 등 정상적인 사회생활을 구현할 권리가 있습니다. 설령 서로가 법률적으로 운명을 함께할 사이일지라도 노출이 심한 곳에 키스마크를 남기는 짓은 하지 마십시오.

이제는 남성들도 키스마크에 대한 시선을 바꾸어야 합니다. 영역 표시라든가 소유욕의 표출이 아닌, 연인끼리의 가벼운 애정 표시나 유희의 도구로 키스마크를 사용해보십시오.

다들 알다시피 입으로 가볍게 연인의 목을 물면 불그스름하면서도 파르스름한 예쁜 키스마크가 만들어집니다. 이는 마치 소담하게 피어난 꽃 같기도 하고, 고개를 돌린 채 쑥스러운 미소를 짓는 여인의 모습 같기도 합니다. 문제는 그 탐스러운 키스마크를 연인에게 선물하고 싶어도 사람들의 시선 때문에 쉽지 않다는 것이지요.

자, 여기서 타협점을 찾아봅시다. 목이나 귀 아래 등 사람들의 눈에 쉽게 보이는 곳이 아닌, 가슴 한구석이나 어깨 등 가리면 보이지 않을 만한 내밀한 곳에 사랑의 표식을 슬쩍 남기십시오. 물론 이때에도 그녀가 얼굴을 찡그릴 정도로 심하게 물어선 안 됩니다. 가볍게 물어도 충분히 예쁜 키스마크를 만들 수 있습니다. 더욱이 그날이 비가 내리는 날이라면, 왠지 모르게 서로의 눈빛에 촉촉이 젖어드는 밤이라면 그 자극은 더욱 짜릿하게 다가올 것입니다.

혹시 아나요? 그녀의 가슴에 은밀하게 남긴 키스마크가 경우에 따라서는 최후의 방어선으로 쓰이게 될지.

학문? 아니 항문 스킬!

애널 섹스를 즐기는 사람들은 그 짜릿하면서도 끈끈한 감각을 입이 닳도록 칭찬합니다. 하지만 저는 개인적으로 애널 섹스를 선호하지 않으며, 오히려 반대합니다. 사실 저도 젊었을 때 애널 섹스를 시도해본 적이 있습니다. 그런데 파트너가 무척 고통스러워하고 저 또한 여러모로 찜찜해서 바로 그만두었죠. 그러한 기억이 애널 섹스에 대한 거부감으로 작용해서 아직까지 헤어나지 못하고 있는지도 모릅니다. 훗날 제가 사랑하게 될 여성이 애널 섹스를 즐기는 타입이라면 이를 극복할 수 있을지도 모르겠지만요!

애널 섹스에 대한 환상을 가지고 있는 분들에게 저는 그보다 아래 단계인 항문 애무를 권장하고 싶습니다. 남성이든 여성이든 상대의 항문을 혀로 정성껏 애무해주면 연인은 부드러우면서도 근질근질한 감촉을 이기지 못해 교성을 지르게 됩니다.

특히 남성들은 고환의 살가죽, 그리고 고환과 항문 사이 등을 여성이 섬세하게 핥아주면 몹시 좋아합니다. 물론 그러한 서비스를 받고 싶다면 섹스를 하기 전에 깨끗이 씻어야겠지요?

여성의 경우 항문을 손가락 끝으로 계속 눌러주면 성감이 고조됩니다. 특히 항문을 핥으면서 오른손 집게손가락으로 클리토리스를 터치해주면 몹시 자극적인 멀티플레이를 즐길 수 있습니다.

자, 오늘 저녁부터 항문 애무를 중요한 반찬거리로 곁들여보십시오. 풍성한 섹스의 식단이 꾸려질 것입니다.

10강

클리토리스는 신의 선물이다

신이 내려준 최고의 선물

저는 현재 따로 믿는 종교가 없습니다. 하지만 어렸을 때에는 어머니를 따라 절에도 가보고 교회에도 다닌 적이 있습니다. 중학교 2학년 때 수음을 알게 된 뒤부터는 가끔 교회당에 나가 성스러운 벽화 밑에서 다시는 자위행위를 하지 않겠다고 용서를 구하던 나름 순진한 청소년이었습니다(남자라면 누구나 비슷한 경험을 가지고 있겠지요). 물론 종교적 확신과 믿음이 부족했던 관계로 오래 지나지 않아 그만두었지만 말입니다.

◎
정말로 신이 존재한다면 인간을 만들 때 어느 한 부분도 허투루 손대지는 않았을 것이다.
그만큼 우리 몸은 우주의 신비를 고스란히 담고 있다. 뒤러가 그린 태초의 인간들을 보라.
생동감 넘치는 표정과 부드러운 몸의 곡선이 아름다움 그 자체다.
그렇기에 우리는 오늘도 서로를 사랑할 수밖에 없다.

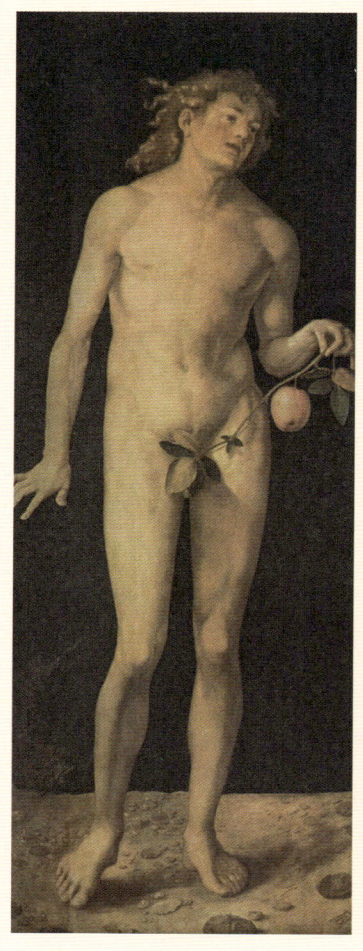 

알브레히트 뒤러, 〈아담과 이브〉, 1507년, 패널에 유채, 마드리드 프라도 미술관

그 뒤 저는 극도의 허무주의자였다가 어느 순간 낙천주의자로 바뀌었습니다. 그래도 바탕엔 항상 짙은 허무가 깔려 있었으니, 굳이 부르자면 외면상 낙천주의자라고 부르는 게 좋을 것 같습니다.

그런데 무신론자인 저에게도 도저히 이해할 수 없는 불가사의한 일이 있으니, 그것은 바로 우주의 존재입니다. 무한에 가까운 우주의 엄청난 규모와 아름다움은 도대체 어디서부터 시작된 것인지, 그리고 그 끝은 어디인지. 시작과 끝을 구분하기 힘든 그 신비한 섭리는 혀를 내두를 정도입니다. 현대 과학이 아무리 발전해도 우주의 신비는 영원히 풀리지 않을 것이라 생각합니다.

결국 종교적 의미의 신은 아니더라도 저는 엄연히 존재하는 대자연의 질서 앞에서 항상 숙연해지고, 인간이라는 존재의 미미함에 니체처럼 절망하곤 합니다. 무한한 공간을 지배하는 광의적 개념의 절대적 질서, 그 섭리 앞에서 누가 당당히 자신을 얘기할 수 있겠습니까? 물론 종교인들의 입장에서는 이 또한 신의 의지라고 부를 수 있겠지만요.

그런데 생각해보십시오. 우주의 광활하면서도 섬세한 질서처럼 한 인간의 내부에도 우주가 존재합니다. 수백, 아니 수천, 수억 개의 세포가 생성과 소멸을 반복하고, 긴밀한 협력 관계를 유지하고 있으니 인간을 하나의 소우주라 부를 수 있지 않겠습니까? 이러한 인간의 육체, 여성의 육체 중에서도 신이 내려준 최고의 선물은 당연히 클리토리스입니다.

부드럽고 섬세하게

여자의 자위행위나 섹스는 음핵에서 시작해 음핵으로 끝난다 해도 틀린 말이 아닙니다. 여성의 클리토리스는 당신의 부드러운 혀와 달콤한 입술, 친절한 손길을 항상 기다리며 그 미세한 자극 하나하나에 놀라울 정도의 반응을 일으킵니다. 지스팟이나 다른 핵심 핫스팟도 중요하지만, 멀티 올가에 이르는 가장 중요한 신체 부위는 클리토리스입니다.

여기서 제가 특별히 강조하고 싶은 점은 그 소중한 보석을 반드시 부드럽게 다루어야 한다는 것입니다. 음핵은 매우 약하고 예민한 부위여서 상처를 입기가 쉽습니다. 더구나 앞에서 얘기했던 방식대로라면 그 꽃봉오리를 쓰다듬고 핥고 비트는 시간이 길어질 텐데, 이는 연약한 존재에게 당해내기 어려운 관심과 애정으로 받아들여질 수도 있습니다.

그런 까닭으로 남성들은 항상 클리토리스를 부드럽게 다루고 있는지, 자기도 모르게 지나친 힘을 가한 건 아닌지 신경을 써야 합니다. 거칠어지기 쉬운 남자의 손과 혀는 클리토리스에 찰과상을 입히기 쉽습니다. 살짝 지나치듯 적절한 세기를 유지해야만 쾌감을 불러올 수 있습니다. 강의 초반에 말했던 입술을 스칠 정도의 미세한 터치가 기본이라고 생각하십시오. 그렇게 부드러운 터치에서 시작해 연인의 반응에 따라 조금씩 세기를 조절하십시오.

클리토리스는 촉촉한 상태를 유지하는 게 중요합니다. 물기가 없으면 침을 바르거나 은하수의 물을 길어주고, 가능하다면 러브젤을 준비했다가 바르는 것도 좋습니다. 특히 후배위나 여성상위, 정상위에서 몸을 슬쩍 들고 클리토리스를 자극하는 멀티플레이를 진행할 때에는 더욱 신경을 써가며 터치해야 합니다.

섹스 경험이 적거나, 클리토리스 자극을 처음 받아보는 여성은 그 자극의 정도를 견디지 못해 열상을 입기 쉽습니다. 경험이 많은 여성도 방심했다간 상처를 입을 수 있죠. 그러면 일주일에서 열흘 동안 행복한 유희를 즐기지 못하게 됩니다. 이처럼 클리토리스는 항상 소중하게 다루어야 하는 신이 내린 최상의 선물입니다.

11강

혀와 입을 사용하라

혀는 절대 끊어지는 수단이 아니다

아프리카TV에서 강의를 진행하며 놀랐던 점 가운데 하나가 상당수의 여성이 '혀'에 대해 오해를 하고 있다는 것입니다. 물론 일부 여성은 혀가 주는 감미로움을 특별히 사랑하며 예찬하기도 했습니다. 그러나 대부분은 혀가 주는 기쁨을 제대로 모르고 있었습니다.

25세의 한 여성은 성기를 제외하고 가장 큰 자극을 주는 수단으로 '손'을 꼽았습니다. 혀는 잠깐 스쳐가는 과정이지만, 손은 적지 않은 시간 자신의 급소를 어루만져주기 때문에 느낌이 훨씬 좋다는 것이었습니다. 그동안 대여섯 명의 남자와 섹스를 해봤다는 그녀에게 지금까지 애무를 가장 오랫동안 받아본 시간이 얼마냐고 물었더니 10분 안쪽이라고 답해서 깜짝 놀랐습니다. 그녀에게 남자의 혀는 부드럽고 달콤한 멋진 사랑의 도구로 인식될 시간이 부족했던 것입니다. 그저 잠깐 스쳐 지나가는 형식적 과정에 불과했죠.

38세의 '눈꽃' 님은 더 놀라운 이야기를 들려주었는데, 자기가 혀를 별로 좋아하지 않는 이유는 혀를 통한 애무는 어느 순간 끊기기 때문이라는 것이었습니다. 유부녀인 데다 경험도 많다는 그녀의 말에 저는 어이가 없었습니다. '도대체 대한민국의 남성들이 혀를 어떻게 사용하기에 이 정도인가!' 하는 생각이 들어 실소마저 터졌습니다.

남성들이여! 혀는 중간에 끊어지는 수단이 아니며, 오히려 당신의 연인을 쾌감의 절정에 오르게 만들 수 있는 최상의 무기입니다. 혀를 이용한 애무는 결코 끊어져서는 안 됩니다. 속도는 느려도 좋습니다. 대신 끈끈하게 자신의 여자가 민감하게 반응하는 부위를 찾아 오랜 시간 정성스럽게 핥아주십시오. 처음 단계에서는 얼굴이나 등허리, 허벅지 등 다소 덜 민감한 부위라도 정성을 다해 터치함으로써 여성이 충분히 사랑받고 있다는 느낌을 전달해야 합니다.

그러다가 젖꼭지나 발, 클리토리스 등의 핵심 핫스팟에 이르러서는 양손을 이용한 멀티플레이를 통해 혀가 보여줄 수 있는 극한의 짜릿함을 선물하십시오. 그녀를 무한 감동과 열락의 도가니로 몰아넣으십시오. 그 과정을 반복하다 보면 당신은 자신만의 부드러운 혀 스킬을 장착한 최고의 전사, 지치지 않는 터미네이터로 재탄생할 수 있을 것입니다.

혀에 경련이 일어나면 어떻게 하느냐고요? 혀가 벗겨져 물조차 마시기 힘들어지면 어떻게 하느냐고요? 그렇게 반문하는 당신은 아직도 기본자세가 되어 있지 않습니다. 처음에 얘기했듯이 무엇보다도 마음가짐이 중요합니다. 그녀의 은하수에 가득 고인 애액을 수시로 빨아들여서 혀를 적셔주십시오. 혀가 벗겨지는 수련을 반복해 더욱 단단한 혀로 재탄생시키십시오.

아랫입술의 부드러움

애무 중심의 섹스 과정에서 입의 중요성은 간과되어서는 안 됩니다. 입을 잘 놀리는 남자야말로 고수가 되기 위한 필요충분조건을 갖추고 있다고 보아도 좋습니다. 저는 사람들에게 늘 입술 안쪽, 특히 아랫입술 안쪽의 부드러움을 제대로 활용하라고 강조해왔습니다. 그리고 실제로 남양주 님 등의 젊은이들은 입술 안쪽과 아랫입술을 적극적으로 사용해 애인에게 감동을 주기도 했습니다.

연인이 예민하게 반응하는 귀나 목, 등허리, 치골 아래쪽, 허벅지 등을 입술 안쪽으로 터치하면 흥분을 고조시킬 수 있으며, 특히 혀와 동시에 사용하면 그 짜릿한 촉감을 극대화할 수 있습니다. 아무래도 4대 핵심 핫스팟을 애무하는 데 활용하면 더 큰 자극을 줄 수 있겠지요.

오늘 밤, 연인의 발 전체와 발가락을 입 안쪽에 넣고 혀로 살살 간질여보십시오. 아랫입술 안쪽으로 젖꼭지와 클리토리스를 부드럽게 애무해주십시오. 햄버거 키스를 하며 연인에게 부드러운 입술 안쪽을 느끼게 하십시오. 그 달콤한 자극에 연인은 몸을 비틀게 될 것입니다.

거친 치아, 달콤한 치아, 핵 치아

섹스에서 치아는 천덕꾸러기 신세를 벗어나기 힘듭니다. 여성의 핫스팟을 자극할 때 남성들의 치아는 언제나 배제해야 할 1순위 대상이지요. 치아를 조심해야 하는 건 여자도 마찬가지입니다. 초보 여성은 오럴 섹스를 할 때 꼭 치아를 잘못 사용해서 남성을 고통스럽게 만듭니다. 그렇다면 치아는 항상 멀리해야 하는 존재일까요?

남자들은 흔히 여자들이 부드러운 섹스보다 격렬한 섹스를 선호한다고 생각하는데 이는 착각입니다. 여자들이 격렬한 섹스를 싫어하는 건 아니지만, 굳이 고르라고 하면 십중팔구는 부드러운 섹스를 선택합니다. 물론 부드러운 섹스를 충분히 즐기는 여성은 가끔 격렬한 판타지를 꿈꾸기도 하고, 부드러움과 격렬함을 동시에 요구하기도 하지만요.

게다가 제 강의의 핵심인 애무 중심의 섹스는 그 부드러움을 몇 배 더 강조하기 때문에, 치아는 원칙적으로 배제될 수밖에 없습니다. 하지만 늘 같은 음식만 먹고 살 수는 없는 법! 단단한 치아를 잘만 사용하면 부드러운 섹스 중간에 격렬함을 더해주는 효과적인 수단이 될 수 있습니다.

여성들은 '거친 치아'를 싫어하고 '달콤한 치아'를 좋아합니다. 달콤한 치아란 무엇일까요? 젖꼭지를 100번 빨아준다고 했을 때, 98번은 부드러운 입술 안쪽과 혀를 통해서 터치하고, 마지막 2번은 치아를 사용하되 절대 아프지 않게 살짝 깨물어보십시오. 젖꼭지 끝을 윗니와 아랫니 사이에 놓고 닿을 듯 말 듯 연속적으로 움직여보세요. 여성의 반응이 뜨거우면 사용 횟수를 늘리다가 마지막에 잘근잘근 깨물어보는 것도 좋습니다.

그런데 만약 이때 여성의 반응에 대한 확신이 서지 않는다면 진지하게 느낌을 물어본 뒤 진행하도록 하십시오. 섣부른 판단은 애써 달구어놓은 분위기를 망칠 수도 있습니다. 그만큼 치아는 분위기를 살리기도 하고 죽이기도 하는 양날의 검과 같습니다.

귀 전체를 입술과 혀로 애무한 뒤 마지막에 치아로 잘근잘근 씹어주는 방법도 있습니다. 그러나 이 역시 연인이 좋아하는지,

프란체스코 하예츠, 〈입맞춤〉, 1859년, 캔버스에 유채, 밀라노 브레라 미술관

격정적이지 않은 간단한 입맞춤은 서로의 사랑을 확인할 수 있는 최고의 수단이다.
남자에게 몸을 맡기고 눈을 감은 여성의 모습이 매우 편안해 보인다.
이 그림은 동맹 관계를 맺은 프랑스와 이탈리아의 국제적 관계를 암시하기도 한다.

아니면 지금은 좀 만족도가 떨어지지만 장차 개발될 여지가 있는지 탐구를 거친 뒤에 진행해야 합니다. 다른 학문과 마찬가지로 섹스 역시 연구와 탐색의 과정입니다. 평생 공부가 필요한 즐거운 과목이죠.

예전에 마이크 타이슨이라는 전설적인 권투 선수가 있었습니다. 그는 경기가 마음대로 풀리지 않는다며 상대 선수의 귀를 물어뜯는 우를 범했고, 그때부터 그의 별명은 '핵 이빨'이 되었습니다. 최근 브라질 월드컵에서는 우루과이의 공격수 수아레스가 상대 수비수의 어깨를 깨물어 같은 별명을 얻기도 했지요. 하지만 제가 지금부터 얘기하는 '핵 이빨'은 타이슨이나 수아레스의 그것과는 반대되는 성격을 가지고 있습니다.

송곳니는 인간의 치아 중에서도 가장 날카로운 무기입니다. 가장 날카로운 만큼 잘만 이용하면 다른 치아와 비교할 수 없는 쾌감을 선물할 수 있죠. 젖꼭지를 애무하다가 연인이 극도의 희열을 느낀다고 판단될 때 송곳니로 슬쩍 깨물어보십시오. 연인은 쭈뼛쭈뼛 머리카락이 곤두서는 쾌감을 느낍니다. 마찬가지로 음순이나 클리토리스를 송곳니로 공략하면 연인을 큰 희열로 이끌 수 있습니다.

다만 이 정도 경지에 오르려면 수많은 시행착오의 과정을 거쳐야 합니다. 애무에서 치아는 가급적 기피해야 할 대상이지만, 인내심을 가지고 잘 단련하여 자신만의 독특한 무기로 거듭나게 하십시오.

추릅추릅 흡입하기: 빨기와 흡입은 다른 기술이다

여기서 말하는 '흡입'은 소위 알고 있는 '빨기'와는 차원이 다른 행위입니다. 일반적인 빨기보다는 빨아들이는 압력의 정도가 크고 더 끈적끈적하며, 빨아들이는 동시에 혀를 놀려 자극을 더욱 강하게 만드는 기교라고 이해하면 됩니다.

추릅추릅 흡입하기를 실시할 수 있는 가장 좋은 신체 부위는 여성 성기 표면에 있는 소음순과 대음순입니다. 여성은 성경험이 많아질수록 성기를 둘러싸고 있는 음순의 길이가 늘어나는데, 이 스킬은 그것들을 하나하나 세차게 흡입한 상태에서 입술과 혀끝을 이용해 정성스레 핥아주는 방법입니다. 이 스킬을 사용하면 여성은 신체의 가장 중요한 부분이 연인의 몸속에 빨려 들어가 정성껏 다루어지고 있다는 포만감을 느끼게 됩니다.

이 스킬을 자주 사용해 익힌 다음 클리토리스나 젖꼭지에 응용하면 색다른 느낌을 선사할 수 있습니다. 빨아들이는 압력 차를 이용해 엉덩이나 가슴에 부황을 뜨듯이 사용하면 재미있는 유희의 시간을 보낼 수도 있습니다. 이처럼 육체를 이용한 애정 표현 방식은 참으로 다양하고 무궁무진합니다.

입김만으로도 가능하다

입김만으로도 가능하다고요? 무엇이? 설마 오르가슴이? 그렇습니다! 혀를 이용한 오르가슴이 스테이크고, 손을 이용한 오르가슴이 삼겹살이라면, 입김을 이용한 오르가슴은 상어 지느러미 요리, 즉 샥스핀입니다. 당신의 연인은 지속적이고 따뜻하면서도 때로는 극심한 떨림과 폭발을 선물하는 그 특별한 요리를 은근 기대할 수도 있습니다. 앙큼하고 욕심 많은 여성은 아예 그 특별 메뉴를 매일 선물해달라며 요구할 수도 있습니다. 그만큼 입김을 이용한 오르가슴은 독특하고 특별합니다.

입김으로 오르가슴에 이르게 하려면 어떤 기술을 연마해야 할까요? 간단합니다. 입김은 따뜻한 속성을 가지고 있습니다. 그 따뜻함이 모이면 뜨거움으로 돌변합니다. 연인의 사랑스러운 은하수를 향해 호~(3초), 호~(3초), 호~(3초) 하고 입김을 불어보십시오. 일정한 반복은 지루하게 느껴질 수 있으니 변화를 주는 것도 좋습니다. 호~(3초), 호~(3초), 호~(5초), 호~(3초). 4음보의 기본 리듬에 약간의 변형을 가한 결과입니다. 조금 더 변화를 시도해볼까요? 호~(3초), 호~(3초), 호~(6호), 호~(1초), 호~(3초), 호~(3초), 호~(10초), 호~(1초).

나머지는 여러분이 자유자재로 개발해나가십시오. 다만 잊어서는 안 되는 중요한 한 가지! 입김으로 오르가슴에 오르게 하려면 적어도 10분 이상 지속하는 뚝심이 필요합니다. 연인이 지루해한다면 그건 당신이 진지한 모습으로 임하지 못했기 때문입니다. 한 가지 더! 공기가 여성의 질 안으로 들어가지 않도록 절대 주의하십시오. 공기가 혈류 속으로 들어가면 최악의 경우 생명이 위험할 수도 있습니다. 여성의 외음부와 질 입구에 입김을 쐬어줌으로써 서서히 덥혀가는 것이 이 기술의 핵심입니다.

진지하게 노력했음에도 불구하고 여성이 지루함을 호소한다면, 아니 만족을 표한다 하더라도 중반부나 후반부에는 손끝으로 클리토리스를 공략해주십시오. 그러면 커다란 자극이 동시에 찾아와 여성이 교성을 지를 수도 있습니다. 이 밖에 발가락이나 젖꼭지, 겨드랑이를 터치하는 것도 좋은 방법입니다. 연인의 반응을 보고 그때그때 상황에 맞추어 시행하시기 바랍니다.

마지막으로 당부하고 싶은 점은 가끔 멀티 공략을 자제하고 입김만으로도 최정상의 오르가슴에 이를 수 있게 노력하라는 것입니다. 산소 호흡기 없이 에베레스트 산 정상을 오르는 도전자의 마음으로! 연인이 달콤한 즐거움을 느끼며 넋을 잃어가는 모습을 기쁜 마음으로 즐기십시오.

12강

손끝에서 시작되는 마법

꼬집기와 비틀기, 누르기, 돌리기의 감칠맛

이번 강의에서는 구체적인 애무 기술을 몇 가지 소개하도록 하겠습니다.

첫 번째 기술은 '꼬집기'입니다. 엄지손가락과 집게손가락을 이용해 젖꼭지와 클리토리스 등을 슬쩍 꼬집어 짜릿한 쾌감을 순간적으로 선물하는 스킬입니다. 주의해야 할 점은 아픔보다 쾌감이 더 강하게 느껴질 수 있게 세기를 잘 조절해야 한다는 것입니다. 경우에 따라서는 날카로운 손톱 끝을 이용할 수도 있으며, 애무 부위 또한 귓불이나 엉덩이, 목덜미 등으로 변경할 수 있습니다. 집게손가락과 가운뎃손가락을 빨래집게처럼 만들어 꼭 집어주면 색다른 느낌을 선사할 수도 있습니다.

'비틀기'는 꼬집기 직후에 이어서 사용하는 기술입니다. 젖꼭지와 클리토리스를 꼬집은 뒤 비틀어주면 짜릿한 쾌감이 더욱 깊어집니다. 처음에는 여성이 아픔을 호소할 수도 있으나 반복하다 보면 익숙해질 것입니다.

'누르기'는 집게손가락이나 새끼손가락으로 예민한 부분을 지그시 눌러주는 기술입니다. 보통 잔잔하면서도 편안한 느낌을 선사하지만, 때로는 상당히 자극적으로 느껴져서 여성이 당황하기도 합니다. 자신의 젖꼭지나 가슴을 연인의 그것과 마주해보십시오. 야릇한 자극과 안락함을 남녀가 동시에 느낄 수 있습니다.

남자의 무릎으로 여성의 성기를 압박하는 누르기도 있는데, 살짝 압박한 뒤 위아래로 쓸어내리는 터치를 기술적으로 사용하면 그녀의 은하수가 금세 뜨거워지는 것을 느낄 수 있습니다.

'돌리기'는 남자의 페니스를 질 속에 넣은 채 돌리는 기술입니다. 이는 다시 두 가지 방법으로 나뉘는데, 하나는 성기를 넣은 채 질 속을 빙빙 돌리는 기분으로 엉덩이를 돌리는 것입니다. 질의 조임이 심하면 심할수록 남성과 여성이 함께 쾌감을 느낄 수 있습니다. 다른 하나는 페니스를 고정한 채 서로의 몸을 돌리는 것입니다. 체위에 따라 돌릴 수 있는 각도가 달라서 그때그때 다른 느낌을 받을 수 있습니다. 삽입 운동 중 두세 번 시도하면 그 자체로 재미있는 놀이가 됩니다. 물론 페니스가 아닌 손가락을 넣고 돌리면 지스팟을 더욱 세게 자극해 오르가슴에 오를 확률이 높아집니다.

돌리기는 여성이 적극 주도해나갈 수 있는 기술이기도 합니다. 저는 엉덩이를 전후좌우로 잘 돌리는 여성을 여러 명 만난 적이 있습니다. 그때마다 느꼈던 그 오묘한 쾌감은 정말 말로 설명하기 어려울 정도였죠.

1995년 제가 발표했던 장편 소설 『유라의 하루』에는 여성 상위로 섹스를 하던 도중 엉덩이를 돌리면서 아라비아 배꼽춤을 추는 여성이 등장합니다. 이제야 밝히자면 그것은 제 실제 체험을 그대로 적은 것입니다. 그 당시 저는 삼성동 인터콘티넨털 호텔에서 22세 여대생과 대낮에 관계를 맺었는데, 그녀는 분위기가 무르익자 저를 눕혀놓고 위로 올라가 능수능란하게 엉덩이를 돌리며 아라비아 배꼽춤을 추었습니다. 그 긴 손가락과 검은 머리카락, 화려한 몸의 율동까지 아직도 저는 그 순간의 황홀함을 잊지 못하고 있습니다.

한 번은 대화 도중 한 여성의 귓불을 슬쩍 꼬집었는데, 그녀의 얼굴이 홍당무가 된 적도 있습니다. 나중에 고백하기를 순간 무척 짜릿해서 견디기 힘들었다고 하더군요. 그녀는 그 뒤 몇 번이고 일상의 순간에도 귓불을 꼬집어달라고 요구했습니다. 이렇듯 섹스는 타이밍의 예술입니다. 적절한 타이밍에 적절한 기술을 사용하면 연인에게 큰 기쁨을 선물할 수 있습니다. 언제 어디를 자극해서 연인을 뜨겁게 만들 것인가? 항상 생각하고 또 행동하십시오.

원 그리기

방금 소개했던 돌리기는 섹스가 본격적인 궤도에 올랐을 때 시도할 수 있는 기술입니다. 반면에 '원 그리기'는 그전부터 즐길 수 있는 유용한 기술로서, 애정을 표현하는 데 매우 효과적입니다.

이 기술을 실시하는 주요 수단은 혀와 손가락이고, 대표적인 공략 대상은 가슴과 클리토리스 주변입니다. 우선 손가락 끝으로 가슴 주변에 둥그렇게 원을 그리십시오. 연인의 몸이 어느 정도 반응을 보이면 그때부터 점점 원의 크기를 작게 만들면서 젖꼭지 쪽으로 올라오면 됩니다. 원의 크기가 작아지면 작아질수록 가슴의 높이는 올라가고, 마침내 손가락은 젖꼭지를 터치하게 됩니다. 물론 여성은 작은 쾌감이 조금씩 모이는 느낌을 받다가 마지막 순간 절정을 맞이하겠지요.

하복부의 경우 치골 아래쪽부터 시작해 대음순과 소음순 주변을 배회하다가 마지막에 클리토리스를 살짝 눌러주면 됩니다. 가슴 원 그리기로 여성의 기대감을 높인 뒤 클리토리스 원 그리기를 실시하면 상대적으로 더 큰 쾌감을 선물할 수 있습니다. 앞서 설명한 과정에서 손가락 대신 혀를 사용해보십시오. 당신을

◎
나체의 두 여인이 서로를 끌어안은 채 곤한 잠에 빠져들었다.
서로 엉킨 다리를 보니 분명 잠들기 전에 무슨 일이 있었던 듯싶다.
이 작품은 동성애적 코드를 담고 있다는 이유로 130년이 지난 뒤에야 세상에 공개됐다.

구스타브 쿠르베, 〈잠〉, 1866년, 캔버스에 유채, 파리 프티팔레 미술관

바라보는 연인의 간절한 눈빛을 확인할 수 있을 것입니다.

비비자! 말자! 톡 터치하자!

'비비기' 기술에서는 남성의 온몸을 도구로 사용할 수 있습니다. 손바닥을 이용해 가슴과 허벅지를 자극고, 가슴에 얼굴을 비벼서 모성 본능을 이끌어낼 수도 있습니다. 그러나 비비기를 실시하는 가장 핵심적인 도구는 바로 남성의 페니스입니다.

앞선 강의에서 여성이 오르가슴에 오르기 전까지는 절대로 페니스 운동을 하지 말라고 얘기했습니다. 하지만 그때까지 당신의 뜨거운 페니스를 가만히 둘 수는 없습니다. 연인에게 우뚝 솟은 당신의 페니스를 비벼 은밀하고 야릇한 기쁨을 선사해주십시오.

연인의 풍만한 가슴을 안쪽으로 모은 뒤 그 사이에 페니스를 넣고 비벼보십시오. 그녀를 뒤에서 강하게 끌어안고 귀두 끝으로 은하수에 마찰을 가해보세요. 소음순과 대음순의 위아래를 고루 비비다가 클리토리스를 가볍게 터치하면 여성은 짜릿함을 느낍니다. 젖꼭지나 치골 안쪽에 뜨거운 열기를 느끼게 할 수도 있고, 목덜미나 귀 아래 등 연인의 핫스팟을 공략할 수도 있습니다.

'말기'는 엄지손가락과 집게손가락으로 신체 특정 부분을 돌돌 말아주는 기술입니다. 말기 기술에 예민하게 반응하는 부위로는 젖꼭지와 소음순, 대음순, 특히 클리토리스를 꼽을 수 있습니다. 세련된 솜씨로 슬쩍슬쩍 말아보십시오. 참을 수 없어진 여성이 콧소리를 흘릴 것입니다. 말기 기술은 섹스에 서툰 여성과 익숙한 여성에게 모두 야릇한 자극을 줄 수 있습니다.

'톡 터치하기'는 앞에서 설명한 기술 가운데 가장 강도가 낮은 기술입니다. 그러나 분위기와 포인트를 잘 살리면 감칠맛 나는 자극을 선물할 수도 있습니다. 가수 현철이 부른 노래 〈봉선화 연정〉의 한 구절을 떠올려보세요.

"손대면 톡 하고 터질 것만 같은 그대, 봉선화라 부르리~."

이 노래를 통해 우리는 톡 터치하기에 필요한 박자를 익힐 수 있습니다. '손대면'과 '톡' 사이에 존재하는 아슬아슬한 공백. 바로 그 박자를 살린다는 생각으로 톡톡 여성의 젖꼭지와 귓불, 클리토리스를 건드려보세요. 여성의 몸을 고성능 스마트폰이라고 여기면 그 느낌을 쉽게 파악할 수 있을 것입니다.

눈 가리고 터치하기

섹스를 할 때 시각이나 청각 못지않게 중요한 것이 바로 촉각입니다. 1992년 개봉한 영화 〈원초적 본능(Basic Instinct)〉에는 치명적 매력을 지닌 금발의 악녀 샤론 스톤이 여주인공으로 등장합니다. 마지막 장면에서 그녀는 자신을 아는 형사 마이클 더글라스의 양손을 묶고 눈을 가린 채 절묘한 터치를 즐깁니다. 침대 밑에는 그의 목숨을 위협하는 예리한 송곳이 준비되어 있지만, 형사는 터치의 무아지경에 빠져 그 사실을 인지하지 못하죠. 그만큼 그 영화는 촉각 예술로서의 섹스를 강조하고 있습니다.

사랑하는 연인과의 섹스에서 촉각을 최대한 살리고 싶다면 도구를 이용해보길 권합니다. 얼음으로 연인의 가슴과 등허리를 쓸어내리고, 머리빗이나 볼펜 끝으로 젖꼭지와 클리토리스를 간질여보세요. 차가우면서도 이질적인 촉감이 연인의 성적 판타지를 충족시켜줄 것입니다. 물론 혀와 손도 적극 이용하시기 바랍니다. 당신의 혀와 손은 감정을 섬세하게 표현할 수 있는 최고의 도구입니다.

촉각에 집중할 수 있도록 연인의 눈을 손수건으로 가리는 것도 도움이 됩니다. 그리고 어떤 도구로 어떤 부위를 터치했는지 서로 맞혀보도록 하세요. 상상력을 발휘하면 섹스가 더욱 풍성해집니다.

13강

은하수의 미학

'물 흐르게 하기'의 미학

섹스는 물의 예술입니다. 물을 통해 표현되고, 물을 통해 위로받으며, 물로 절정을 맞이하는 물의 향연입니다. 당신이 사랑하는 연인의 몸속에는 얼마나 많은 양의 물이 흐르고 있습니까? 오르가슴에 올랐을 때 얼마만큼 물을 뿜어내느냐에 따라 섹스의 질은 좌우됩니다.

여성의 애액은 언뜻 흰 듯 보이지만 실제로는 투명에 가까운 아름다운 빛깔을 가지고 있으며, 흘리는 모습도 참으로 다양합니다. 초절정의 오르가슴에 올랐을 때 어떤 여성은 분수처럼 콸콸 쏟아내기도 하고, 어떤 여성은 아기의 오줌처럼 제법 굵은 줄기를 분사하기도 합니다. 하지만 대부분은 질 입구에서 하얀 물방울을 또르르 흘리는데, 그 모습은 아름다운 숲의 요정이 이슬을 모아 굴리는 듯 신비롭습니다.

여러분이 극강의 고수가 되면 연인의 몸에서 수없이 많은 양의 물을 흐르게 할 수 있습니다. 멀티 올가에 이른 여성은 걷잡을 수 없는 소용돌이에 휘말려 30분, 아니 1시간 이상 계곡물을 흘리기도 하지요. 그것은 제어 기능을 상실한 뇌가 흘리는 항복의 눈물이고, 신열로 들뜬 육체가 뿜어내는 쾌락의 분수입니다. 연인에게 더 많은 물을 흐르게 만드는 남성이 되십시오. 그것이 '물 흐르게 하기'의 미학입니다.

'물 긷기'와 '물 주기'

'물 긷기'라는 말을 들으면 사람들은 처음에는 의아해하다가 나중에는 기발하다며 감탄합니다. 물 긷기의 원리는 간단합니다. 촉촉하게 고여 있거나 줄줄 흐르는 연인의 샘물을 손끝으로 길어 클리토리스나 젖꼭지를 자극할 때 적셔주는 것이 바로 물 긷기입니다. 특정 부위를 애무하거나 피스톤 운동을 할 때 중간중간 물을 길어 적셔주면 더욱 부드러운 섹스가 가능합니다. 여성의 애

구스타브 클림트, 〈다나에〉, 1908년, 캔버스에 유채, 개인 소장

◎
아르고스의 왕 아크리시오는 자신이 손자에게 목숨을 잃을 것이라는 신탁을 받고, 사랑하는 딸 다나에를 높은 탑에 가두었다. 하지만 다나에를 흠모한 제우스는 황금 소나기로 변해 다나에의 품으로 파고들었고, 결국 그녀는 영웅 페르세우스를 낳게 된다. 여성의 허벅지 사이로 빨려 들어가는 금빛 물방울들은 제우스를 상징한다.

액은 그 자체로 최고의 윤활유이자 최음제인 셈이죠.

'물 주기'는 여성이 수동적인 섹스에서 능동적인 섹스로 전환할 때 남성의 성기를 적셔주는 행위입니다. 펠라티오를 통해 페니스 전체를 촉촉하게 하기도 하고, 은하수에 고인 애액을 발라서 삽입을 원활하게 만들기도 합니다. 남성의 사정 또한 물 주기 행위에 속합니다. 남성 여러분! 여성의 어느 부위에 물을 줄 것인가요? 사랑하는 연인에게 부담을 주지 않는 선에서 자신의 성적 판타지를 즐기도록 하십시오.

그렇다면 '물 마시기'도 있을까요? 존재합니다. 많은 남성이 여성의 애액을 마시는 데 불쾌감을 표하지만, 다시 한 번 천천히 생각해보십시오. 사랑하는 여성의 몸에서 나온 뜨거운 상징을 마시지 못할 이유가 무엇입니까? 여성의 애액은 산에서 흐르는 그 어떤 약수보다도 더 귀한 보약입니다. 일부 여성은 남자의 정액이 피부에 좋다고 믿기도 하는데, 그럴 경우 자신의 정액을 여성의 몸에 고루 발라주는 '물 바르기'를 시도해보십시오. 처음엔 부담스러워 할 수도 있지만 차차 그 상황을 즐기게 될 것입니다.

섹스는 마음가짐이 중요합니다. 사랑하는 연인의 애액이나 정액을 먹고 바르는 일은 전혀 이상한 행동이 아닙니다. 사람마다 의미를 부여하는 바가 다를 뿐입니다. 물의 미학은 이런 모든 편견을 뛰어넘는 아름다움을 가지고 있습니다.

14강

감성을 건드리면 사랑이 움직인다

키스는 애정의 척도다

키스는 애정의 정도를 측정하는 바로미터입니다. 연인이 늘 해오던 키스를 꺼리기 시작한다면 그것은 엄청난 적신호입니다. 새로운 이성이 생겼거나 최소한 당신의 행동에 실망을 했다는 증거지요. 키스를 나누는 횟수가 줄었다는 건 그만큼 둘 사이의 거리가 멀어졌다는 사실을 의미합니다.

다음은 신체 부위별 키스와 그 의미를 정리한 자료입니다. 자신이 좋아하는 키스 위치와 연인이 선호하는 키스 위치를 찾아

보고, 그 의미를 되새겨보시기 바랍니다.

머리 = 사모
이마 = 축복, 우정
눈꺼풀 = 동경
귀 = 유혹
콧마루 = 애완(哀婉)
볼 = 친애, 인정, 만족감
입술 = 애정
목 = 욕구
목덜미 = 집착
등 = 확인
가슴 = 소유
팔뚝 = 연모
손목 = 욕망
손등 = 경애
손바닥 = 간청
손끝 = 칭찬
배 = 바라는 마음
허리 = 속박
허벅지 = 지배
정강이 = 복종
발등 = 충성
발끝 = 숭배

키스는 여러모로 건강에 좋습니다. 미국의 인터넷 신문 〈허핑턴 포스트(The Huffington Post)〉는 키스가 건강에 미치는 네 가지 효능을 다음과 같이 정리했습니다.

첫째, 치아가 건강해집니다. 키스를 할 때 분비되는 타액은 입안의 해로운 박테리아를 씻어내 체외로 배출시킵니다. 둘째, 다이어트에 효과적입니다. 키스를 하면 심장 박동이 빨라지고 입술을 움직이는 얼굴 근육도 활발하게 움직입니다. 나아가 온몸에 짜릿한 긴장감이 맴도는데 이때 소모되는 열량은 무시하지 못할 정도입니다. 셋째, 스트레스 해소에 도움이 됩니다. 독일의 어느 보험 회사에서 연구한 결과에 따르면, 매일 부인에게 키스를 하고 출근하는 남성은 그렇지 않은 남성보다 수명이 5년 더 길고 수입도 많은 것으로 나타났습니다. 정신적·육체적 건강이 개선되기 때문이죠. 또한 키스를 할 때 자연스럽게 생성되는 엔도르핀은 모르핀 주사만큼 강력한 힘을 갖고 있어서 통증과 고통을 덜어줍니다. 넷째, 면역력을 증진시킵니다. 키스를 하면 입을 통해 일부 세균이 오가게 되는데, 이 과정을 통해 신체의 내성이 강해지는 효과가 발생합니다.

버드 키스, 햄버거 키스, 크로스 키스, 프렌치 키스 등 방법을 가리지 않고 마구마구 하십시오. 섹스 중에도 그녀의 입술에, 온몸에 키스를 퍼부어주십시오. 뜨거운 애정을 확인하고 표현한다는 점에서 키스는 큰 의미를 가지고 있습니다. 연인들이여! 제발 키스하고 또 하십시오!

밀어를 속삭여라

특정한 소리는 상대방에게 심리적으로 크게 영향을 미칩니다. 삼성 라이온즈 야구팀에 모자를 삐딱하게 눌러쓰고 나오는 안지만이라는 투수가 있습니다. 가수 지드래곤의 〈삐딱하게〉라는 노래가 어울릴 법한 그에게는 남다른 특이점이 하나 더 있는데, 바로 공을 던질 때마다 괴성을 지른다는 것입니다. 그 소리는 중계 마이크에도 잡힐 만큼 우렁차서 그를 상대하는 노련한 타자들조차 심리적으로 압박을 받을 정도라고 합니다.

세계적인 괴성 스타로는 러시아의 미녀 테니스 선수 마리야 샤라포바를 들 수 있습니다. 그녀는 서브를 하거나 공을 받아칠 때 도저히 젊은 아가씨가 내는 것이라고 믿을 수 없을 정도의 괴성을 지릅니다. 텔레비전으로 경기를 보는 시청자들조차 그 위압감을 생생히 느낄 수 있을 정도죠. 도대체 어디서 그런 에너지가 나오는지 정말 신기합니다. 유럽의 한 통신사에서는 그녀의 목소리를 벨소리로 개발해 판매하기도 했습니다.

섹스 중에 내는 여러 소리도 파트너의 심리에 다양한 영향을 미칩니다. 여성의 간드러진 비음은 남성의 성욕에 불을 댕기고, 교태 섞인 신음은 투지를 불태우게 합니다.

여기서 제가 강조하고 싶은 점은 연인에게 자주 밀어(蜜語)를 속삭이라는 것입니다. 갈대가 바스락거리듯, 나비가 꽃들 사이를 나풀거리듯 바람에 실려 아스라하게 들려오는 남자의 목소리는 여자의 마음을 무장 해제시켜 버립니다. 긴장을 완화시키고 의식을 몽롱하게 만들어 결국엔 열락을 향해 달려가게 만듭니다.

자! 이제부터 연습하십시오. 그리고 속삭이십시오. 부드럽고 달콤한 목소리로…….

"자기야…… 사랑해."

"여보야…… 사랑해, 사랑해, 사랑해……."

가슴을 애무하고, 등허리를 쓸어줄 때 달콤한 말을 건네십시오. 클리토리스를 터치할 때 사랑한다고 얘기하십시오. 섹스를 할 때에는 일상적인 억양 대신 감미로운 목소리로 그녀의 이름을 불러주십시오.

제 경험상 밀어가 가장 큰 효과를 발휘하는 순간은 연인이 오르가슴에 오르려하거나, 한 번 오르가슴을 경험한 뒤 다음 멀티 올가를 기다릴 때입니다. 그때는 달콤한 밀어뿐만 아니라 명령조의 단호한 어조까지도 여성에게 큰 자극이 됩니다.

사랑을 나누는 시간이 새벽녘일 경우 밀어는 더 확실한 효과를 발휘합니다. 미명의 미세한 빛 기운이 그녀의 벌거벗은 나신 위에 앉으려 할 때, 연인의 머리카락을 쓸어 넘기며 나지막하게 사랑을 읊조려보십시오. 애정 어린 시선과 목소리로 사랑한다고 속삭여보십시오. 그녀는 영원히 당신의 여자가 되고 싶어 할 것입니다.

장난을 많이 쳐라

여성들은 부드러우면서도 진지한 섹스를 선호합니다. 서로의 행위에 열중하면서 하나하나 만들어가기를 좋아합니다. 이때 그녀의 요구대로 진지하게 임하는 것도 좋지만, 가끔 가벼운 터치와 장난스러운 행동을 통해 서로의 친밀감을 확인하도록 하십시오. 그러면 더욱 즐거운 기분으로 섹스를 나눌 수 있습니다.

8 : 2! 이는 당신이 그녀와 섹스를 가질 때 유지해야 할 진지함과 장난스러움의 올바른 비율입니다. 수치로 계량화하는 것이 좀 우습기도 하지만, 굳이 나누자면 이 정도 비율이 좋습니다. 여자는 중간중간 장난을 치는 당신의 목소리와 손놀림을 오랫동안

윌리엄 부게로, 〈큐피드로부터 자신을 보호하는 소녀〉, 1880년경, 캔버스에 유채, 로스앤젤레스 J. 폴 게티 미술관

◎

아름다운 소녀가 큐피드의 화살을 맞지 않으려 애를 쓰고 있다. 하지만 그녀의 표정을 보라. 이미 사랑의 감정에 들떠서 미소를 짓고 있다. 그녀는 끝내 못 이긴 척 큐피드를 받아들이고 말 것이다. 볼수록 가슴이 따뜻해지는 그림이다.

기억할 것입니다.

단, 진지하게 집중하는 모습이 필요하다고 판단될 때에는 장난을 자제하십시오. 연인이 로맨틱한 감정에 몰입해 있는 상황에서 경박한 장난은 마이너스 요인이 됩니다.

이제 유쾌하고 신 나는 자신만의 장난으로 그녀를 공략할 때입니다.

원하는데도 애태우기

가벼운 팁을 하나 더 드리겠습니다. 남자들이여! 여자들이 원하는 대로 모두 해주십시오. 연인의 급소를 찾아 최대한 정성껏 애무하고, 민감한 부분은 물론 민감해질 가능성이 있는 곳을 찾아 계속 자극하십시오. 그리고 결정적인 순간에 그녀의 애를 태우십시오.

흥분한 여성이 당신의 페니스를 원할 때, 삽입하는 척하며 질 입구에서 슬쩍 문지르기만 하다가 엉덩이를 뒤로 빼십시오. 그러기를 두세 번 반복하면 그녀가 교태를 부리며 애원할 것입니다. 그러면 마지못한 척 넣었다가 그녀가 엉덩이 운동을 시작하려는 찰나에 그냥 빼십시오. 견디다 못한 여성이 목에 매달려 우는 소리를 내면 그때 그녀의 엉덩이를 아이 달래듯 찰싹찰싹 가볍게 때려줍니다. 그러고는 비음을 내는 그녀의 젖꼭지를 양손으로 살짝 꼬집어주십시오.

　원하는데도 애태우기는 아담한 파티이고, 재미있는 유희입니다. 이는 여성도 마찬가지입니다. 남성이 원하는 대로 다 들어주십시오. 그러면서 사이사이 애를 태우면 더욱 즐거운 섹스를 즐길 수 있습니다.

터치의 아티스트가 되라

　지금과 달리 제가 어렸을 때에는 국내 가요보다 팝송의 인기가 더 좋았습니다. 그런데 지금 생각해보면 그때 들었던 노래 중에는 유독 '터치'에 관계된 것들이 많았습니다. 그만큼 터치는 연인들 사이에서 감정과 애정을 표현하는 멋진 표현 방식입니다.

　사랑이 가득 담긴 손끝으로 연인의 온몸을 정성스럽게 터치할 때, 연인은 진정한 사랑과 행복을 느낍니다. 그녀의 가슴을 만지고, 오른쪽 무릎으로 음부를 터치하고, 한 손으로 등허리를 쓰다듬어주십시오. 연인의 두뇌 회로와 육체 회로가 한껏 고조되어 결국에는 멀티 올가에 오르게 될 것입니다.

　그러나 정말로 중요한 건 육체 터치가 아닌 '감성 터치'입니다. 여자는 감성에 몹시 약한 존재입니다. 정성껏 진행되는 애무 사이사이에 우아한 감성 터치를 시도해보십시오. 와르르 무너져 내리는 연인의 모습을 볼 수 있을 것입니다.

귓불을 깨물고 입김을 불면서 "사랑해. 너만 사랑해." 하고 속삭여주십시오. 지스팟 자극 중심의 피스톤 운동을 격렬하게 하면서 포근한 느낌의 키스를 함께 퍼부어주십시오. 클리토리스를 혀로 자극하면서 그녀의 가슴과 젖꼭지를 터치해주십시오. 그녀에게 무한 감동을 선물하는 것은 어려운 일이 아닙니다.

제 강의를 듣던 애청자들에게 저는 가끔 묻곤 했습니다. 가장 이상적인 터치의 도구는 무엇일까요? 손, 입술, 혀, 가슴, 무릎……. 가끔은 솔이나 빗, 빗자루 같은 짓궂은 답변이 나오기도 했습니다. 어쨌든 모두 틀렸습니다. 이 자리에서 분명히 말합니다. 가장 이상적인 터치의 도구는 '따뜻한 마음'입니다. 여자의 감성을 터치할 때 여러분은 진정으로 사랑받는 남자가 될 수 있습니다.

무당 강사의 섹시한 정의

여자는 (   )다!

당신이 아직 그 비밀 버튼을 찾지 못했을 뿐, 여자의 정신과 육체 속에는 그들을 쾌락에 이르게 하는 정교하고 오밀조밀한 회로가 숨어 있습니다. 비유하자면 여자는 잘 만들어진 지상 최고의 악기입니다. 당신이 얼마나 연주를 잘하느냐에 따라 그 고귀하고 섬세한 악기는 천상의 소리를 내기도 하고, 듣기 힘든 괴성을 내기도 합니다. 생각해보세요. 당신의 연인은 어떤 악기인가요? 지금까지 당신의 연주는 어땠나요?

제1부 강의를 충실히 들은 여러분은 이제 〈얼룩 송아지〉나 〈곰 세 마리〉를 피아노 건반으로 겨우 연주하는 수준입니다. 손가락이 부르틀 때까지 연습에 연습을 거듭하십시오. 그런 정성과 노력이 당신을 세계 최고의 피아니스트로 만들어줄 것입니다. 궁극에는 모든 악기를 자유자재로 다루는 달인이 되어 여성의 몸에서 아름다운 울림을 만들어낼 수 있을 것입니다.

자, 당신의 연인은 '신'이라는 최고의 기술자가 오랜 시간 공을 들여 만든 악기입니다. 그 악기에서 어떤 소리를 뽑아낼 것인지는 당신에게 달려 있습니다.

"여자는 정교하게 만들어진 악기다!"

2부

강남 대치동 일타 강사의
젊은 섹스에 대한 새로운 생각들

15강

여성을 위한 판도라의 상자 Ⅰ

- 여자 혼자 멀티가 가능할까

여자는 20대가 가장 예민하다

얼마 전 케이블TV의 한 프로그램에서 걸그룹의 지나친 노출에 대해 토론하는 것을 본 적이 있습니다. 한쪽 패널은 걸그룹의 노출이 예술성이나 음악성과는 전혀 무관하며, 단지 선정적인 시선 끌기에 불과하다고 질타했습니다. 반면에 다른 패널은 레이디 가가나 마돈나 같은 외국 가수에 비해 우리나라 걸그룹은 얌전한 편이며, 섹시하게 보이고 싶은 마음은 인간 본성 가운데 하나라고 옹호했습니다. 이어진 네티즌 설문 조사에서는 82%가 걸그룹 노출에 대해 문제의식을 제기했죠.

제가 여기서 말하고 싶은 것은 걸그룹 노출이 선정적이냐 아니냐의 단순한 입장 표명이 아닙니다. 스무 살 초반의 그녀들이, 아니 스무 살도 되지 않은 그녀들이 잠재적으로 표출하고 싶어 하는 욕망에 대한 이야기입니다. 그녀들은 자신이 얼마나 성적으로 예민하고 과감한 세대인가를 동작 하나하나에 담아 표현하고 있는 것입니다.

강의를 하다 보면 종종 어처구니없는 이야기를 듣곤 합니다. "20대 여자는 그저 섹스를 할 뿐 성적으로는 거의 느끼지 못한다고 합니다. 30대가 되어서야 처음으로 오르가슴을 느끼는 경우가 대부분이라고요. 40대가 되면 비로소 성욕이 최고조에 달하고, 진정한 섹스의 참맛을 알게 된다고 합니다."

시대의 흐름을 역행하는 한심한 발언이 아닐 수 없습니다. 여성이 간단한 터치에도 온몸이 찌릿할 정도로 예민하게 반응하는 시기는 20대입니다. 그것도 초반이 가장 예민한데, 이때의 여체는 세포 하나하나가 모든 감각을 섬세하게 받아들이는 스펀지와 같습니다. 아프리카TV 강의를 하면서 여성들에게 물어보았을 때에도 그녀들은 제 말에 동의를 표하며 남성들의 무지가 억울하다는 표정을 지었습니다.

다시 말하지만 여성의 세포는 20대 초반에 가장 건강한 탄력을 자랑합니다. 그녀들은 성적 지식과 경험을 쭉쭉 빨아들이는 스펀지와 같습니다. 이와 달리 30대는 여성으로서 가장 풍요로운 성적 쾌락을 맞이하는 시기입니다. 성의 풍년기라고도 표현할 수 있죠. 40대에는 온갖 경험과 성적 기술로 무장한 성의 황홀기를 맞이하고, 50대에는 오랫동안 숙성된 성의 원숙기를 맞이합니다. 여자들은 모두 각 나이 대에 맞게 쾌감도와 만족도가 극치에 달할 수 있는 최상의 준비를 합니다.

자위행위에 대한 오해

여성이 자위행위만으로 멀티 올가를 느낄 수 있을까요? 이 의문은 신비한 성의 세계에 대한 본질적인 호기심에서 기인한 것이지만, 그 이면에는 남성에 대한 뿌리박힌 불신이 존재한다는 점을 남자들은 알아야 합니다.

어쨌든 이 질문에 대한 답은 의외로 간단합니다. 다행히 여자 혼자서도 충분히 멀티 올가에 이를 수 있습니다. 사실 자위행위에 대한 호기심은 인류가 존재할 때부터 무의식적으로 가지고 있는 원시적 속성이며, 이는 아직까지 이어지고 있습니다. 그리고 그만큼 자위행위를 통해 얻을 수 있는 쾌락 또한 발전에 발전을 거듭해왔습니다.

자위행위를 의미하는 '오나니즘(Onanism)'은 『성경』의 창세기에 등장하는 유다의 아들 오난으로부터 유래했습니다. 유다는 그의 장남인 엘이 죽자 차남인 오난에게 형 대신 형수와 관계를 오달리스크(odalisque)는 터키 어 오달릭(odalik)에서 유래한 말로, 황제의 시중을 드는 여자 노예를 의미한다. 하지만 서구인들의 환상 속에서 그녀들은 황제의 쾌락을 위해 봉사하는 여자로 받아들여졌고, 결국 이렇게 에로틱한 그림으로 다시 태어났다. 앵그르는 여성의 부드러운 아름다움을 강조하기 위해 팔과 다리를 비현실적으로 길게 표현했다.

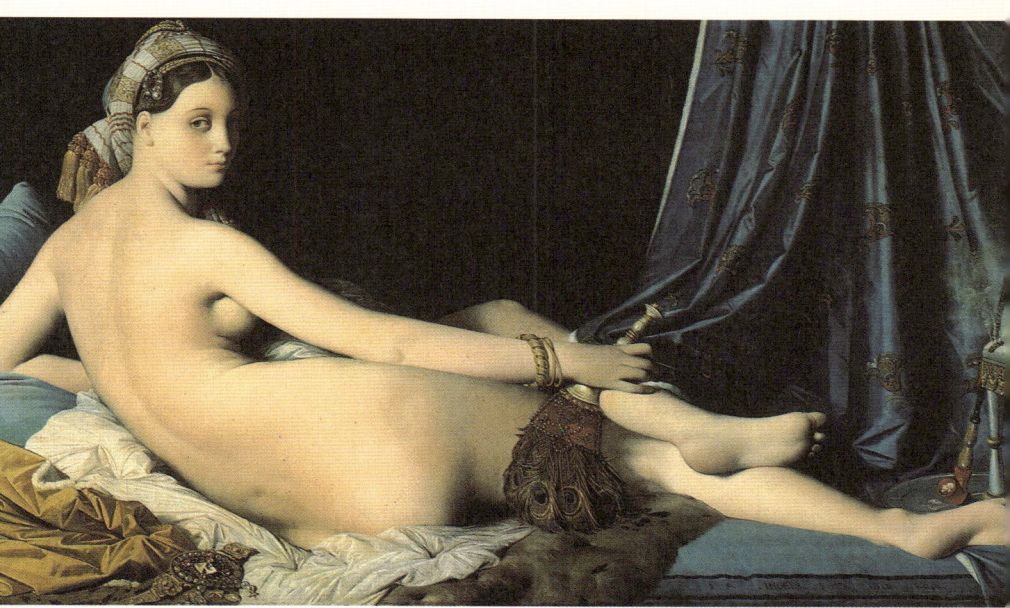

장 오귀스트 도미니크 앵그르, 〈그랑드 오달리스크〉, 1819년경, 캔버스에 유채, 파리 루브르 미술관

맺으라고 명령했습니다. 하지만 오난은 그 씨(자식)가 자기의 것이 되지 않는다는 사실을 꺼려 마지막 순간 정액을 땅에 뿌렸고, 이 장면을 본 하나님은 분노해 그를 죽여버리고 말았죠. 그 뒤 '자위행위를 하면 벌을 받아 죽을지도 모른다'는 종교적 터부는 오랜 시간 인류를 괴롭혀왔습니다.

그러나 죄의식의 여부와는 상관없이 인류는 원시 시대부터 지속적으로 자위행위를 이어왔습니다. 정신 분석학의 창시자인 프로이트는 인간이 태어난 지 6개월 정도 지났을 때부터 자위행위를 시작하며, 2~3세가 되면 아예 자위행위를 하는 습관이 정립된다고 보았습니다. 실제로 어린 남자아이는 발기된 고추를 움켜쥐고 위아래로 살살 흔들거나 고추의 표피를 잡아당기고 문지르는 등의 행위를 합니다. 어린 여자아이는 아직 질이 있다는 사실을 인지하지 못하고 성기 표피를 만지작거리거나 음핵을 베개나 이불에 문질러대고요.

그런데 여기서 우리가 얘기하는 자위행위는 어린 시절부터 행하는 본능적인 광의의 행동이 아닙니다. 남녀가 성장하면서 성적 쾌감을 위해 의도적·집중적으로 행하는 협의의 행동입니다.

건강한 성인 남성은 섹스로 충분히 성욕을 해결할 수 있는 경우에도 자위행위를 합니다. 여성의 경우 30~40%가 정기적으로 자위행위를 하는 것으로 조사되었지만, 실제로는 70~80%일 것으로 예상됩니다. 언젠가 아프리카TV 강의 도중 21세의 아가씨가 자신은 전혀 자위행위를 하지 않으며, 따라서 제 말은 믿을

게 못 된다고 단언한 적이 있습니다. 그래서 저는 친구들에게 직접 물어보라 얘기했고, 정말 친구들에게 단체 카톡을 돌린 그녀는 믿을 수 없는 통계에 입을 쩍 벌리고 말았습니다. 그녀가 연락했던 친구 열 명 전원이 자위행위를 하고 있었던 것입니다.

그래서 제가 한술 더 떠 아마 개중에는 한두 명 딜도를 사용하는 친구도 있을 것이라고 이야기하자, 그녀는 그럴 리 없다며 다시 친구들에게 단체 카톡을 돌렸습니다. 물론 결과는 그녀의 패! 열 명 가운데 정확히 두 명이 딜도를 사용하고 있었는데, 그것도 연인이랑 함께 즐긴다는 것이었습니다. 그녀가 질문을 던진 친구들은 중·고등학교 때부터 오랫동안 절친하게 지냈던 사이로, 서로 격의가 없는 관계였기에 이런 진솔한 통계가 가능했습니다.

앞의 사례는 물론 정확한 통계가 아닙니다. 그녀의 친구들이 다른 여자보다 개방적일 가능성도 있습니다. 하지만 중요한 건 통계 자료가 아닙니다. 기왕 하는 자위행위를 즐겁게 즐길 수 있느냐의 여부입니다. 여성 혼자서도 멀티 올가에 오를 수 있느냐의 여부입니다.

멀티 올가의 가능성을 찾아서

동양이든 서양이든 여성들은 남성과의 섹스를 통해 오르가슴을 느끼고 싶어 합니다. 그러나 현실은 그녀들의 욕망을 충분히 채워주지 못합니다. 오히려 그녀들은 자위행위를 통해서는 거의 매번 극치에 도달하지만, 남성과의 관계에서는 환희를 얻지 못합니다.

아프리카TV에서 강의를 할 때 성경험이 많은 30대 여성들에게 다음과 같은 질문을 던진 적이 있습니다.

"당신은 레즈비언이 아닙니다. 그런데 만약 남성과 섹스를 하는 것처럼 동등한 횟수로 여성과 섹스를 한다면 누구랑 하는 게 더 오르가슴에 이를 확률을 높여줄 것 같습니까?"

대답은 충격적이었습니다. 대다수 여성이 동성을 꼽았던 것입니다. 그리고 그 이유로 같은 여성끼리는 서로의 자극과 반응 포인트를 잘 알고 있고, 어떻게 애무하는 게 좋은지를 이해하기 때문이라고 말했습니다.

남성들이여! 제가 이 책에서 피스톤 운동으로 대표되는 지스팟 위주의 오르가슴보다 애무 중심의 음핵 오르가슴을 찬양하는 이유는 이런 까닭입니다. 음핵 오르가슴의 우월성은 이미 생생한 체험과 증언들이 뒷받침해주고 있습니다. 그럼에도 불구하고 여러분은 그동안 여성들끼리 하는 것만도 못한 섹스를 절대적으로 신봉해왔던 것입니다.

이런 이유로 여성은 자위행위를 할 때 훨씬 더 오르가슴을 잘 느끼며, 방법만 체득하면 멀티 올가도 충분히 가능합니다. 물론 섹스는 상호 교감을 통해 빛을 발하는 예술이고, 뛰어난 기술을 가진 남성과 함께한다면 여성은 혼자 하는 것보다 더 큰 쾌감을 느낄 수 있습니다. 그러나 때로는 홀로 외로운 밤을 이겨내야 하는 경우도 있는 법입니다. 지금부터 자위행위를 통한 멀티 올가의 가능성을 찾아보도록 하지요.

16강

여성을 위한 판도라의 상자 Ⅱ
- 자위행위 매뉴얼 上

PS에 대한 판타지

　1998년 미국은 대통령을 탄핵 위기까지 몰고 갔던 '지퍼 게이트 사건'으로 떠들썩했습니다. 수많은 염문을 뿌렸던 클린턴 전(前) 미국 대통령은 아내 힐러리 여사의 눈을 피해 그 당시 백악관 인턴 비서였던 25세의 르윈스키와 수차례 밀회를 즐겼죠. 그런데 무엇보다도 낯뜨거웠던 점은 서른 살이나 차이가 났던 그들이 실제 섹스 외에도 자주 폰섹스(PS)를 했다는 사실이었습니다.
　이렇듯 남녀노소를 가릴 것 없이 많은 사람이 종종 폰섹스에 대한 환상을 품습니다. 오죽하면 2012년에 〈나의 PS 파트너〉라는 영화가 나와서 제법 인기를 끌었을까요. 폰섹스에 대한 사람들의 기대는 상상 이상입니다. 영화의 홍보 문구처럼 그럴싸하게 얘기해보는 것도 좋겠네요.

"여러분! 여러분은 정말 가끔 멋진 목소리의 이성과 혹은 연인과 함께하는 PS를 꿈꾸십니까? 전화기 너머 들려오는 그이의 은밀하고 달콤한 목소리에 달콤함과 궁극적 희열을 느끼고 싶은가요? 그럼 지금부터 폰섹스를 활용한 자기 위로 매뉴얼을 소개하겠습니다."

여기 소개된 달콤한 비법을 잘 숙지하고 연습한다면 여성은 지금까지 해왔던 것보다 훨씬 더 자극적인 오르가슴에 오를 수 있습니다. 나아가 멀티 올가에 이르는 마법의 열쇠를 손에 쥘 수도 있습니다.

부드러운 자기 위로 매뉴얼

사랑하는 나의 연인님. 당신은 이제부터 저와 행복한 여행을 떠납니다. 당신은 얼마 지나지 않아 매우 달콤한 오르가슴을 느낄 것이며, 어쩌면 태어나서 처음으로 멀티 오르가슴이라는 신천지를 스스로의 힘으로 맛보게 될 것입니다. 준비되셨나요? 팬티만 입고 있다고요? 불은 끄셨다고요? 침대에 편하게 누우셨다고요? 화장지는 미리 충분히 마련하셨다고요?

당신은 곧 걷잡을 수 없이 많은 양의 애액을 쏟아내기 시작할 것입니다. 가장 중요한 것은 마음입니다. 저를 믿으셔야 합니다. 당신은 오늘 멀티 올가에 오를 수 있습니다. 제 목소리가 감미롭지 않나요? 이 부드러운 목소리가 당신을 안락하게 멀티의 세계로 이끌 것입니다. 믿어보세요!

심장이 두근거린다고요? 가슴이 몹시 설렌다고요? 좋습니다. 그 설렘을 안고 함께 시작해봅시다. 사랑합니다. 당신을 사랑합니다.

당신은 지금 해변에 있습니다. 멀리 어스레한 어둠이 깔리고, 옅어지는 노을빛은 아쉬움만 남긴 채 사그라져가는군요. 파도 소리는 당신의 귓가를 간질이고 미풍은 당신의 몸에 다가와 속삭여줍니다. 드넓은 바닷가에 혼자 남은 당신은 외진 텐트 속에서 저물어가는 석양 아래 밀려오는 파도를 보며 홀로 누워 있습니다. 당신은 아름답고 긴 생머리를 가졌습니다. 살짝 웨이브가 들어간 갈색 생머리는 은근히 자극적입니다. 먼저 당신의 두 손을 머리카락 위에 올려놓습니다. 그리고 부드러운 손길로 그 곱고 윤기 있는 머릿결을 어루만져주세요.

이것은 자극을 느끼기 위해서 하는 행위가 아닙니다. 단지 본격적인 자기 위로에 앞서 육체와 친밀감을 형성하기 위한 행동입니다. 이제 당신의 머릿결은 더 생기 있고 기름지게 되었습니다. 사랑합니다!

자, 이제 두 손을 옮겨 이마를 슬쩍슬쩍 어루만져주세요. 이번에는 이마 아래의 짙은 눈썹을 양손으로 정성껏 쓰다듬어주세요. 다시 오른손 가운뎃손가락으로 인중을 훑어내려 주세요. 다음에는 손끝으로 양쪽 속눈썹을 슬쩍 터치해보세요. 어떤가요? 좀 간지러운가요?

이번에는 집게손가락 끝으로 콧등을 타고 코끝까지 아주 살짝 올라갑니다. 집게손가락 끝으로 닿을 듯 말 듯 윗입술과 아랫입술을 차례로 조심스럽게 스쳐 지나가보세요. 어떤가요? 몹시 자극이 심하죠? 서너 번 더 스쳐주세요. 좋습니다. 내 사랑님! 수고하셨습니다. 정말 잘하고 있군요!

이제 양손으로 당신의 두 귀를 어루만져주세요. 그리고 엄지손가락과 집게손가락 끝으로 귀 끝을 슬쩍슬쩍 눌러주세요. 다시 계속해서 눌러주세요. 이번에는 똑같은 손가락으로 귀 끝을 슬쩍 꼬집어주세요. 반응이 좀 느껴지나요?

목덜미로 내려가겠습니다. 손등과 손바닥으로 목선을 어루만져주세요. 다음 어깨를 집게손가락과 가운뎃손가락, 약손가락 끝으로 부드럽게 쓸어주세요. 특히 두드러진 쇄골의 단단한 선을 따라 매끄럽게 문질러주세요. 좀 더 내려가니 당신의 겨드랑이는 제모가 잘되어 있군요. 집게손가락과 가운뎃손가락으로 정성껏 쓸어주고, 살살 비벼주세요.

자! 마침내 당신의 매우 아름다운 가슴이 드러났습니다. 알맞게 도톰하고 탄력 있는 건강한 두 가슴이 당신의 따스한 손길을 기다리고 있습니다. 우윳빛 가슴선과 선홍빛 젖꼭지가 몹시 부끄러운 채 부풀어 있네요! 이따가 자극 운동 후에 다시 올라와 본격적인 애무를 할 테니까 우선 편안한 손길로 양쪽을 지그시 눌러주십시오. 그리고 잠시 움켜쥐었다가 이번에는 다섯 손가락을 모두 세워 가슴을 포클레인 모양으로 감싸 쥐고는 제법 힘을 주어 주기적으로 집어주세요. 그리고 다시 부드러운 손바닥으로 따뜻하게 문질러주십시오. 당신의 가슴을 좋아합니다! 무척 안락하군요!

당신의 육체는 몹시 젊고 아름답습니다. 건강미 넘치고 탱탱합니다. 눈이 부시네요. 아찔할 정도로! 사랑합니다! 이제 당신의 배에 오른 손바닥을 올려놓고 정성스럽게 뱃가죽을 슬슬 문지릅니다. 포만감이 느껴지나요? 당신의 늘씬한 허리를 쓰다듬어주세요. 매끈매끈한 곡선을 따라가니 손끝이 달콤하죠?

당신의 날렵한 등허리도 그냥 지나서는 안 되겠죠? 등허리를 몇 차례 쓸어줍니다. 아…… 바로 저기에 당신의 그 아름답게 둔덕진 동산이 보이는군요. 천하제일의 볼륨감을 자랑하는 엉덩이입니다. 그렇게 멋진 만큼 이번에는 매우 정성스럽게 소중해서 못 견디겠다는 듯이 서서히 훑어줍니다.

이제 치골 쪽으로 올라갑니다. 치골을 좌우로 몇 번 어루만져주고, 다시 치골 아래쪽 엷은 맨살을 손바닥으로 또 두세 개의 손가락으로 터치해주세요. 잠시 당신의 성기 쪽으로 내려가보겠습니다. 벌써 팬티가 축축한 것이 꽤 젖었군요. 하지만 아직은 은

에곤 실레, 〈누워 있는 여자〉, 1917년, 캔버스에 유채, 빈 레오폴드 미술관

◎

팔베개를 한 채 다리를 벌리고 누운 모습에서 말로는 설명할 수 없는 당당함이 느껴진다.
이 모델은 자신을 진정으로 사랑하고 즐길 줄 아는 사람이 아니었을까 싶다.
선분홍의 젖꼭지가 특히 매력적이다.

하수를 직접 건드려서는 안 됩니다. 은하수는 바로 당신의 길쭉한 타원형 성기를 의미합니다. 음부라고 하지요. 예쁘지 않나요? 자, 은하수 주변의 보드라운 속살을 살살 쓰다듬어주세요! 저런, 보송보송한 솜털이 부끄럽게 올라와 있군요. 좋습니다. 그 까슬까슬한 촉감을 사랑합니다! 다시 허벅지로 내려가 안쪽을 쓰다듬어주세요.

이번엔 무릎…… 정강이…… 종아리…… 발목……. 마침내 발바닥에 닿았군요. 발에 손이 쉽게 닿을 수 있도록 다소 당기고, 손으로 발바닥과 발가락 전체를 어루만져주세요. 다음에 집게손가락을 엄지발가락과 두 번째 발가락 사이에 넣고 부드럽게 돌려주세요. 나머지 발가락 사이도 차근차근 애무해주세요. 마지막으로 집게손가락의 손톱으로 발바닥을 살짝살짝 긁어주세요. 간지러운가요?

자, 이제 기본적인 전신 애무가 끝났습니다. 당신의 건강한 육체는 스스로를 마음껏 받아들이고 커다란 떨림과 쾌락을 맞이할 준비가 되었습니다. 이제부터 두 번째 단계인 자극 운동으로 돌입하겠습니다.

자극 운동은 여성의 주요 신경계에 미리 신호를 보내 애무의 쾌감을 증가시키는, 제가 개발한 작은 준비 동작입니다. 여성의 성감이 특히 예민하게 발달한 질과 괄약근을 집중적으로 자극해 다음에 이어질 자극을 극대화시키는 생체 과학적 예비 운동이죠.

이제부터 당신은 제가 '하나' 하고 말을 할 때마다 계속 특정 부위에 힘을 주어야 합니다. 구령을 붙이는 도중 다른 말을 하더라도 쉬지 않고 3초 간격으로 그 부위에 힘을 주십시오. 자, 먼저 다리를 쭉 펴고 누우세요. 그리고 은하수와 발가락 끝에 3초 간격으로 힘을 줍니다. 시작하겠습니다.

"하나~, 하나~, 하나~, 하나~, 하나~."

규칙적으로 힘을 주면서 이번에는 오른손으로 은하수를 살살 문질러주세요. 아직은 입고 있는 팬티 바깥에 감촉이 느껴지는 정도입니다. 상황을 다시 설명하자면 은하수와 발끝에 3초 간격으로 연속 힘을 주면서 오른손으로는 팬티 위에서 은하수를 어루만져주는 것입니다.

"하나~, 하나~, 하나~, 하나~, 하나~."

손을 조금 더 올려서 클리토리스를 서서히 자극해주세요. 물론 팬티 위에서입니다. 은하수와 발끝 운동은 멈추지 마십시오. 잠시도 멈추어선 안 됩니다.

"하나~, 하나~, 하나~, 하나~, 하나~."

두 번째 자극 운동 매뉴얼로 넘어가겠습니다. 이번에는 양발을 곧추세워 하늘 쪽으로 들어주세요. 그리고 양발을 살짝 벌린 채 은하수에만 힘을 주는 자극 운동을 시작합니다. 이 운동은 당신의 은하수를 더욱 예민하게 만들어줄 것입니다. 간격은 아까와 마찬가지로 3초입니다.

"하나~, 하나~, 하나~, 하나~, 하나~."

이 자세와 자극 운동을 유지하면서 이번에도 은하수 위의 팬티를 살살 자극해주세요.

"하나~, 하나~, 하나~, 하나~, 하나~."

다시 손을 올려 이번에는 클리토리스를 자극합니다.

"하나~, 하나~, 하나~, 하나~, 하나~."

자, 마지막 자극 운동을 할 차례입니다. 다시 처음처럼 발을 내리고 발끝을 편안하게 세웁니다. 이번에 힘을 줄 곳은 은하수와 항문 쪽 괄약근입니다. 은하수와 괄약근은 가까운 부위여서 동시에 힘을 주면 시너지 효과를 볼 수 있습니다. 역시 3초 간격으로 힘을 줍니다.

"하나~, 하나~, 하나~, 하나~, 하나~."

이번에도 은하수 위의 팬티를 살살 문질러주세요.

"하나~, 하나~, 하나~, 하나~, 하나~."

팬티 위 클리토리스를 연속적으로 터치해주세요.

"하나~, 하나~, 하나~, 하나~, 하나~."

드디어 자극 운동을 모두 마쳤습니다. 수고하셨습니다. 정말 수고하셨습니다. 여보님! 사랑합니다. 진정 당신을 사랑합니다. 이제 당신을 오르가슴을 맞이할 준비가 되었습니다.

17강

여성을 위한 판도라의 상자 Ⅲ
- 자위행위 매뉴얼 下

오르가슴을 향하여

지금부터 본격적으로 오르가슴, 더 나아가 멀티 올가에 오를 수 있도록 최선을 다해 봅시다. 당신의 마지막 방어막인 팬티를 벗어주세요. 금단의 성벽을 모두 제거하고 온전한 기쁨의 태양 아래 빛나는 나신을 드러냈군요! 눈이 부시도록 찬란해서 제 심장이 멎을 지경입니다.

다시 양손을 상체로 올려서 가슴 애무부터 시작하겠습니다. 오른손을 왼쪽 가슴에, 왼손을 오른쪽 가슴에 살포시 올려놓으세요. 그리고 그것을 정성스럽게 꽉 두세 번 움켜쥐세요. 손바닥 전체를 이용해 부드러운 손길로 여러 차례 쓰다듬어주세요.

양손의 집게손가락으로 가슴 아래 언덕에서부터 빙글빙글 원을 그리며 천천히 올라와주세요. 차근차근 서서히. 드디어 젖꼭지에 이르렀군요. 어떤가요? 짜릿한 자극이 젖꼭지로 모이는 게 느껴지나요? 다시 한 번 가슴 아래로 내려가 이 과정을 반복합니다. 젖꼭지에 이르기까지 적어도 예닐곱 개의 원을 그려주세요.

두 번째로 젖꼭지에 오르면 이제 각 손가락을 이용해 젖꼭지를 터치해줍니다. 막 등정을 마친 집게손가락으로 벌벌 떨고 있는 젖꼭지를 닿을 듯 말 듯 괴롭혀보세요. 자극이 점점 심해지죠? 가운뎃손가락으로 연속 터치…… 그다음은 약손가락…… 마지막 새끼손가락으로는 제자리에서 살짝 눌러주세요. 그렇게 제자리에서 빙빙 돌리듯 조금만 움직여보세요. 뭔가 약간 다른 느낌이죠? 다시 각 손가락을 이용해 젖꼭지를 계속 터치해주세요. 집게손가락으로 터치…… 가운뎃손가락으로…… 약손가락으로…… 새끼손가락으로 누르고 빙빙 돌리기…….

다음은 젖꼭지 끝을 살짝 꼬집어주기입니다. 엄지손가락과 집게손가락으로 젖꼭지 끝을 살짝살짝 꼬집어주세요. 다시 좀 더 빠르고 가볍게…… 이번에는 꼬집은 채 몇 차례 비틀어주세요.

자, 가슴 애무가 끝났습니다. 아니지요. 완전히 끝난 것은 아닙니다. 왼손은 오른손 가슴에 올려둔 채, 오른손만 은하수 쪽으로 내려갑니다. 이제부터 왼손으로는 유두를 계속 꼬집고 가볍게 비틀어줍니다. 그리고 오른손으로는 은하수와 클리토리스를 자극하는 멀티플레이를 당신 혼자서 진행하는 겁니다. 아셨죠?

오래 기다리셨습니다. 사랑하는 여보님, 당신이 그토록 고대하던 젖과 꿀이 흐르는 축복의 계곡에 마침내 도착했습니다. 먼저 당신 은하수 주변의 우거진 숲(음모)을 정성껏 쓸어주십시오. 숲 속에서 노닐던 새들과 나비가 당신을 보고 반갑게 인사하는군요. 이제 당신의 집게손가락과 가운뎃손가락, 약손가락으로 내밀한 은하수를 포근하게 덮어주기도 하고, 쓸어주기도 하세요. 그런데 지금 당신의 왼손은 계속 오른쪽 젖꼭지를 자극하고 있나요? 멀티플레이는 자위행위가 끝날 때까지 지속해야 합니다.

이번에는 엄지손가락과 집게손가락으로 소음순, 대음순을 슬쩍 비벼주세요. 그러고는 은하수의 중심 부위를 문질러보세요. 은하수 전체를 빙빙 돌아가며 문질러야 합니다. 자, 이 방법이 자극적이라 판단되면 더 오래 문질러주세요. 당신의 은하수가 흠뻑 젖었군요. 어느새 이렇게 많은 애액이 흘러나왔을까요? 그토록 학수고대했던 당신의 가장 찬란한 꽃, 클리토리스를 만져봅시다.

그 어여쁘고 고운 당신의 붉은 꽃송이가 기다리다 지쳐 파들파들 떨고 있군요. 은하수에 고인 물을 당신의 손으로 흠뻑 길어서 그 꽃송이 위에 발라주세요. 어떤가요? 발그레 윤기가 나는 게 매우 싱싱해 보이죠? 다시 한 번 물을 길어 발라주세요. 지금부터는 그 매끄러운 꽃송이를 당신의 손가락 끝으로 간질간질

디에고 벨라스케스, 〈비너스의 몸단장〉, 1651년경, 캔버스에 유채, 런던 내셔널 미술관

◎
머리를 괴고 길게 누워 있는 여성이 거울을 통해 반사된 자신의 모습을 바라보고 있다. 이 여인은 누구인가? 큐피드가 거울을 들고 있는 것으로 보아 미의 여신 비너스임에 틀림없다. 미묘하게 어우러진 진주빛 회색과 분홍색, 크림색의 뒤태가 눈을 뗄 수 없게 만든다. 거울 속의 그녀와 눈이 마주치지 않도록 조심하라.

터치해나가는 겁니다.

처음부터 너무 욕심내지 말고 서서히 편안하게, 아늑하게 즐기는 기분으로 시작합시다. 그러다 보면 오르가슴은 불현듯 밀려옵니다. 자, 숨을 크게 들이마셨다가 천천히 편하게 내쉬세요. 모든 신경을 클리토리스에 집중하고, 정성스럽게 닿을 듯 말 듯 살짝 터치해주고, 빠르게, 점점 더 빠르게…….

이때 남성은 전화기 너머에서 흘러나오는 여성의 탄성과 교성에 신경을 써야 합니다. 그래야 연인이 어떤 상태에 있는지 확인하고, 정확한 리드로 흥분 상태를 고조시킬 수 있습니다. 처음에는 따스하고 부드러운 목소리로 속삭이다가 오르가슴에 오른 낌새가 느껴지면 단호한 명령투로 바꾸는 것도 좋습니다. 자신도 마치 절정에 오른 것처럼 짧은 명령어를 계속 얘기함으로써 그녀에게 심리적 압박감을 주십시오. 마침내 연인이 오르가슴에 도달하면 잘했다고, 예쁘다고 칭찬해줍니다.

그리고 잠깐의 휴식만 준 다음, 곧바로 연속 동작을 이끌어 나가십시오. 여기서 "사랑해."라는 말을 일정 간격으로 수십 차례 주고받으면 여성은 고도의 집중력을 발휘해 스스로를 자극합니다. 그 뒤 그녀의 변화에 맞추어 "행복해." "난 네 거야." "할 수 있어." 등의 문구를 반복적으로 외치면서 용기를 북돋아주십시오. 사랑한다는 말을 주고받으며 그녀가 흥분 상태에서도 편안함을 느끼게 해주십시오. 그렇게 두 번째, 세 번째 오르가슴에 이르면 또 잘했다고, 훌륭하다고 칭찬해줍니다.

멀티 올가에 이르기 위해서는 여성분들도 최대한 남성의 지시에 따라야 합니다. 처음 오르가슴에 오른 뒤 휴식 시간을 최대한 줄이고 가능하다면 1~2분 안에 연속적으로 자극을 주십시오. 한 손으로는 부드럽게 젖꼭지를 꼬집으면서, 한 손으로는 클리토리스를 계속 문지르세요. 경우에 따라서는 은하수를 의자나 베개 등에 비빌 수도 있습니다.

이렇게 멀티 올가에 성공하면 여성의 질에서는 끊임없이 애액이 쏟아져나오며, 가만히 있는데도 30분에서 1시간 동안 성기의 떨림이 계속됩니다. 이때가 바로 남성이 여성을 다루기에 가장 쉬운 때입니다. 특히 밀어를 따라서 말하도록 시키면 몽롱하면서도 황홀한 무의식 속에서 여성은 최대한의 애교를 발휘하며 따라 합니다.

매뉴얼을 믿고 따르라

아프리카TV 강의를 자주 듣던 36세 여성은 어린 시절의 습관 때문에 지금도 이불이나 베개, 침대 모서리에 음부를 비비면 강한 자극을 느낀다고 했습니다. 그런 여성은 위의 매뉴얼을 상당 부분 변경하는 과정이 필요합니다. 꼭 필요하다고 판단되는 몇 가지 과정만 살린 채 자신에게 맞는 다른 방법을 선택하면 됩니다. 만약 다른 사람은 가질 수 없는 자신만의 독특한 기구나 방법이 있다면 더더욱 자극적으로 즐길 수 있습니다.

하지만 한 번쯤은 제가 제시한 매뉴얼을 따라 자위행위를 즐겨보도록 하십시오. 대부분 여성이 증언하듯 여러분 또한 오르가슴을 느끼는 시간이 매우 길어지고, 애액이 몇 배 증가하는 등 엄청난 변화를 느끼게 될 것입니다. 제 매뉴얼은 여러분이 선호하는 부드럽고 잔잔한 방식과 끈끈하고 강렬한 방식을 모두 포함하고 있으니까요. 잘하면 단 몇 번의 훈련만으로도 여러분은 폭풍 멀티 올가를 경험할 수 있습니다.

특히 유념할 점은 일단 오르가슴에 오르고 난 뒤부터의 자세와 마음가짐입니다. 견디기 힘든 자극에 기피하고 싶은 마음이 들더라도 절대 굴하지 않고 젖꼭지나 클리토리스를 자극하는 노력이 필요합니다. 극강의 열락을 위해 최선을 다할 때 당신은 멀티 올가라는 온몸이 터져나갈 듯한 희열을 1시간, 아니 2~3시간 동안 맛볼 수 있습니다.

참고로 저는 여섯 명의 여성에게 '자기 위로 매뉴얼'을 자체 실시하도록 유도한 바 있습니다. 그 결과 무려 네 명이 단번에 멀티 올가에 오르는 데 성공했고, 나머지 두 명 가운데 한 명은 평소보다 길고 강한 극강의 오르가슴에 올랐습니다. 그리고 경이롭게도 나이가 젊을수록 멀티 올가에 오르는 성공률이 높았습니다.

여성들이여! 이제 자신감을 갖고 도전하십시오! 스스로 멀티 올가라는 기쁨을 성취하십시오!

18강

표현하고 캐치하라

남자들은 왜 질사, 입사를 좋아할까

"왜 남자들은 안에다 사정하는 걸 좋아하죠? 저는 임신할까 봐 늘 걱정인데 남자친구는 그렇지 않은가 봐요."

"왜 성기를 입으로 빨아달라고 하며, 심지어 입안에 사정하는 이유가 뭐죠?"

제가 여성들에게 가장 자주 받는 질문들입니다. 그렇습니다. 그대의 연인은 질외 사정보다 질내 사정(질사)을 백배 더 선호합니다. 그것은 질 안쪽이 주는 부드러움과 촉촉함, 적당하고 끈끈하게 조여주는 힘, 질내 사정 시 느낄 수 있는 남성과 여성의 감정 교류, 정신적 만족감 등이 바탕에 깔려 있기 때문입니다.

프로이트 식의 원초적 심리학에 따르면 남성은 자신의 본래적 생성지인 자궁을 무의식적으로 그리워하며, 그곳에 사정을 함으로써 재탄생과 생명 창조의 안락함을 느낀다고 합니다. 이는 문학이나 신화 비평 등에서 종종 찾아볼 수 있는 장면이죠. 사실 질외 사정을 할 때 느끼는 오르가슴도 질내 사정 시의 오르가슴과 비슷하기는 하지만, 왠지 5% 공허한 부분이 있습니다. 그래서 남자들은 질내 사정을 훨씬 선호하는 편입니다.

남성에게 펠라티오를 해주면서도 여자들은 연신 당부합니다. "입안에 사정하면 안 돼!" 그러나 남자들은 겉으로는 알았다고 하면서도, 아니 처음에는 정말 그 말을 지킬 생각이었지만 결국 절정에 오르게 되면 자신도 모르게 입안 사정(입사)이라는 도발을 감행하게 됩니다.

이때 여성들은 그대의 발칙한 연인을 너무 심하게 나무라지 마십시오. 크게 화를 내면 그 좋았던 섹스의 과정에 상처를 낼 수도 있습니다. 대신 살짝 토라진 표정을 지으며 "다음부터는 꼭 매너 지켜." 하고 말하면 남성도 진지하게 여성의 의사를 받아들이게 됩니다. 물론 남성들은 연인이 원치 않을 경우 입사를 자제하는 게 좋습니다. 대신 가슴 사정(슴사, 속된 말로 '젖치기')이나 엉덩이 사정(엉사)을 활용하면 입사 못지않은 짜릿한 쾌감을 얻을 수 있습니다.

내 거길 좀 긁어줘!

연인의 성적 비밀이나 판타지, 밝히고 싶지 않은 부끄러운 행위 등을 보았을 때 여러분은 어떤 자세를 취해야 할까요? 정말 난처한 문제가 아닐 수 없습니다. 곰곰이 제 인생을 돌이켜보면 성에 관한 생각과 의사 표현을 아내와 공유하지 않았던 게 이혼 사유로 작용하지 않았나 싶어 후회를 하게 됩니다.

저는 총각이었던 시절에 제법 여러 여자와 잠자리를 가졌습니다. 그만큼 섹스, 특히 애무 테크닉과 정력에 있어서는 항상 넘치는 자신감을 가지고 있었습니다. 그런데 6년 동안 연애를 한 아내와의 사이에서는 이상하게도 그런 자신감과 기술을 쓰지 않았습니다. 결혼 전 아내와 잠자리를 가진 것도 사귄 지 5년이 지났을 때 딱 한 번뿐이었습니다. 그것도 불안감을 느낀 그녀가 자기를 책임지지 않을 생각이냐고 따져서 마지못해 한 것이었죠. 섹스를 좋아하는 저로서도 스스로 이해가 안 갔지만, 아마 정신적인 사랑이 매우 컸고 장래를 함께할 것을 늘 염두에 두었기 때문에 서두르지 않고 지켜보았던 것 같습니다.

아내 역시 섹스에 별다른 관심이 없는 여자라 한 번 조급증을 보인 것 외엔 언제나 정신적으로만 만족해했습니다. 게다가 그녀에게 저는 침대 시트를 붉게 물들인 첫 남자였고, 저 또한 그 점에 감동해서 정신적인 사랑에 더욱 충실했습니다.

물론 결혼을 하고 신혼 생활을 보내던 초기에는 일주일 사이에 열 번씩이나 관계를 맺기도 했습니다. 거의 제가 졸라서였죠. 그런데 우리는 아주 기본적인 자세에서의 관계 외에는 다른 자세를 거의 시도하지 못했습니다. 심지어 오럴 섹스는 엄두도 내지 못했습니다. 제가 한 번 시도를 했다가 심한 면박만 당했습니다.

결국 처음부터 아내와 성적으로 소통하지 못했던 저는 시간이 흐를수록 길들이지 않는 게 아니라 길들이지 못하고 말았습니다. 스스로 애무의 예술가라 자부함에도 불구하고 정신 편향적인 사랑으로 인해 애무를 시도할 기회조차 잡지 못하고 말았죠. 돌이켜보면 처음부터 정신적으로만 접근하고 육체적인 표현을 삼갔던 게 독이 된 것 같습니다.

그렇게 몇 년이 지나면서 여러 갈등 관계가 형성되어 아내와 관계를 맺는 횟수가 뜸해졌고, 저는 자주 자위행위로 욕망을 해결해야 했습니다. 결혼했다고 해서 자위행위로부터 해방되는 것은 아님을 뼈저리게 깨달았죠. 사실 거실에서 이불 덮고 몰래 하던 자위행위를 몇 차례 들킬 뻔한 적도 있었습니다. 하지만 다행히 들키지 않았고, 더욱 사이가 악화된 뒤에야 제 스스로 폭로하고 말았습니다. 아마 중년에 이른 남성들은 저와 비슷한 경험을 한 번쯤 가지고 있지 않을까요?

시대가 많이 변했습니다. 요즘 젊은이들은 성적인 관심을 표현하는 데 훨씬 더 솔직하고 능동적입니다. 그러나 아직은 사랑하는 남녀 사이에, 특히 여성들이 자신의 성적 취향과 민감한 정보를 부끄러워하고, 감추는 경향이 있습니다. 때로는 저처럼 사랑

에곤 실레, 〈우정〉, 1913년, 종이에 연필과 템페라, 개인 소장

◎
얼핏 보면 뒤에서 안아주는 사람이 남자 같지만, 자세히 보면 여자다.
앞에서 고개를 돌리고 손을 뒤로 뺀 여성의 표정에서 애틋함과 편안함이 묻어난다.
서로를 아끼고 보듬어주는 두 여성의 모습이 인상적이다.

하는 사이이기 때문에 소극적으로 대한다는 친구들을 보기도 합니다. 성에 대해 솔직히 이야기하고, 마음을 여는 커플이 더 돈독해지는 게 분명한데도 말입니다. 이는 오랫동안 결혼 생활을 한 부부도 마찬가지입니다. 서로의 느낌을 주고받고, 상대의 만족을 위해 배려하며, 노력하고 헌신하는 자세를 취할 때 더욱 이상적인 관계를 성립할 수 있습니다.

욕망이 있으면 사랑하는 사람에게 표현해야 합니다. 자, 오늘 밤부터는 사랑하는 연인에게 솔직하고 과감하게 말해보십시오.

"자기야! 거기 좀 더 애무해줘! 아니, 바로 거기, 그 아래란 말이야!"

19강

여성의 그날 중 섹스는?

생리통을 치료하는 남성의 관심

얼마 전 TV 채널을 돌리다가 여성 생리대의 성능을 자세하게 알려주는 프로그램이 있어 시선을 고정시킨 적이 있습니다. 특정 제품의 상표를 공개하지 않는 다른 프로그램과 달리 그 프로그램은 열댓 개의 상품을 늘어놓은 채 객관적으로 품질을 비교하고 있더군요. 제가 깜짝 놀란 점은 그 성능이 천차만별이어서 흡수량과 흡수하는 시간에 큰 차이가 있다는 사실과 여성들이 널리 쓰는 것으로 알려진 제품 가운데 형편없는 물건이 많다는 사실이었습니다.

때마침 그 당시 사귀던 젊은 여성이 생리통 때문에 고생을 하고 있어서 그녀에게 TV에서 본 제품을 권했습니다. 그런데 자기가 선호하는 스타일이 아니라는 이유로, 또 지명도가 떨어진다는 이유로 시큰둥한 반응을 보이더군요.

그렇게 두어 달쯤 지났을 때였습니다. 그녀는 생리가 시작될 조짐을 느끼고 편의점으로 갔습니다. 그런데 마침 제가 권했던 생리대가 있었고, 그녀는 속는 셈치고 한 번 사용해보기로 했습니다. 그러고는 며칠 뒤, 태어나서 처음으로 생리통에 시달리지 않았다며 신기해했습니다.

방송에 나왔던 것처럼 정말로 생리대의 기능 차이 때문에 생리통이 사라졌을 수도 있습니다. 하지만 저는 제 애정과 관심이 그녀의 심리적 불안감과 공허함을 충족시켜주었고, 그로 인해 생리통이 없어진 것이라고 생각합니다. 이렇듯 연인을 향한 남성의 사랑과 배려는 매달 찾아오는 고통의 시간마저 따스하게 만들어줍니다.

생리 중에도 섹스는 멈추지 않는다

생리가 시작되면 여성들은 평소에 하지 않던 특이한 행동을 합니다. 우리가 익히 알고 있는 것처럼 하루 종일 신경질을 부리

에곤 실레, 〈서 있는 소녀의 누드〉, 1910년, 종이에 연필과 물감, 빈 알베르티나 미술관

◎

조화로운 흑백의 명암과 다소 거칠어 보이는 선, 넓은 여백이
에곤 실레의 예술적 감각을 돋보이게 한다. 특히 붉은색으로 덧칠된 입술과 젖꼭지,
그리고 음부는 여성의 아름다움이 어디에서 기원하는지 고민하게 한다.

기도 하고, 갑자기 화를 내기도 하며, 심지어 어떤 여성들은 도벽에 시달리기도 합니다. 미국 역대 대통령 부인 가운데 한 명은 특히 생리 중 도벽 증상이 심했는데, 담당 경호원이 물건값을 몰래 지불하느라 진땀을 뺐을 정도라고 합니다.

우리가 흔히 아는 생리 증상 가운데에는 섹스와 관련된 오해도 있으니, 바로 대부분의 여성이 생리 시 섹스를 기피한다는 것입니다. 하지만 이는 사실이 아닙니다. 오히려 상당수 여성은 그 시기에 성감이 극도로 고조된다고 얘기합니다. 젊은이들 사이에 '떡볶이'라는 말이 당연하게 쓰일 정도로 이미 생리 중 성행위는 일반적이기도 하죠. 여기서 '떡볶이'는 생리 중 섹스로 인해 남성의 성기가 떡볶이처럼 빨개진 모습을 가리키는 말입니다. 여러분도 이미 경험해보지 않았나요?

일주일 가까이 진행되는 그 시기에 금욕을 한다는 것은 상당히 불만스러운 일입니다. 펠라티오나 자위행위를 도와주는 것만으로는 해소하기 힘든 무엇이 항상 남아 있습니다. 생리 중 섹스는 크게 통증은 있지만 아직 출혈은 없는 생리 직전, 출혈과 통증이 심한 처음 이틀과 야간, 그리고 어느 정도 통증과 분비량이 적어진 그 이후의 시기로 나눌 수 있습니다.

먼저 생리 직전의 섹스는 여성이 고통을 덜 수 있게 부드럽고 잔잔한 애무 위주로 전개하다가, 마지막에 파트너의 의사를 물어가며 피치를 올리는 게 좋습니다. 생리가 시작되고 이틀 정도는 특히 민감하게 신경을 써야 하는 시기로, 애무 단계부터 지속적으로 연인의 기분과 몸 상태를 체크해야 합니다. 특히 삽입을 하게 될 경우에는 바닥에 수건을 깔거나 아예 욕조에서 관계를 맺는 등 출혈에 영향을 받지 않을 수 있는 자유로운 여건을 마련하는 일이 중요합니다.

생리 중·후반부의 섹스는 다양한 시도를 섞어가며 평상시처럼 진행해도 좋습니다. 단, 연인이 불쾌감과 미안함을 느끼지 않도록 슬림형 패드를 착용하게 하는 것도 나쁘지 않습니다.

어떤 경우든 이 시기는 연인이 매우 예민해지므로 기분을 최대한 존중하고, 애무를 많이 해야 합니다. 연인이 끝까지 거부하는 상황이라면 처음으로 돌아가 펠라티오나 자위행위를 받는 것도 좋습니다. 그게 혼자 등을 돌리고 하는 것보다는 몇 배 낫지 않을까요!

20강

가슴 뛰게, 가슴 녹게, 가슴 터지게

오늘도 가슴은 자란다

저는 큰 가슴을 그다지 좋아하지 않습니다. 개인적으로 제가 가장 선호하는 사이즈는 B컵입니다. 대한민국 여성이라면 B컵만 해도 제법 큰 편이 아닙니까! B+컵과 B-컵 가운데 고르라고 하면 후자를 택할지도 모르겠습니다. 물론 전반적인 분위기나 비율 등을 고려해서 결정하겠지만 말이죠.

차라리 C컵이나 D컵보다는 A컵이 더 아담하고 지적으로 느껴져서 마음에 듭니다. 잠재적으로는 깊은 협곡 사이에 제 페니

작자 미상, 〈가브리엘 데스트레와 그녀의 여동생〉, 1594년, 캔버스에 유채, 파리 루브르 박물관

◎

노란 머리의 여성은 프랑스 왕 앙리 4세의 정부였던 가브리엘 데스트레이고,
왼쪽은 그녀의 동생이다. 동생이 젖꼭지를 쥐고 있는 장면은 데스트레가 아기를 가졌음을,
데스트레가 반지를 들고 있는 장면은 왕으로부터 청혼받았음을 의미한다.
하지만 운명은 한 치 앞을 모르는 법이다.
데스트레는 왕비가 되기 사흘 전, 아기를 조산하고 자신마저 목숨을 잃었다.

스를 끼우고 비비다가 사정하고 싶은 욕망도 있지만, 한때의 기쁨보다는 오랫동안 두고두고 함께하고 싶은 마음이 커서 작은 가슴을 선택할 것 같습니다.

언젠가 20대 초반의 아가씨가 왜 B-컵 가슴을 선호하느냐고 제게 물은 적이 있습니다. 그래서 저는 그 정도 크기의 가슴이 잡았을 때 가장 감촉이 좋으며, 무엇보다도 B-컵을 B+컵, C컵으로 키워줄 자신이 있기 때문이라고 답했습니다.

그녀는 깜짝 놀랐습니다. 어떻게 여자의 가슴을 수술하지 않고 키울 수 있느냐는 것이었습니다. 그래서 저는 다시 이렇게 답했습니다. "손 타면 됩니다. 남자가 손과 입, 혀를 통해 정성껏 반복해서 애무를 해주면 가슴이 커집니다." 하지만 그녀는 끝까지 믿지 않았고, 결국 여기저기 친구들에게 연락을 돌려본 뒤에야 고개를 끄덕였습니다. 친구들 의견이 반으로 갈렸는데, 보다 경험이 많은 친구들이 실제로 가능하다고 해서 믿기로 했답니다.

저는 남자의 정성과 애정, 지속적인 관심 표현이 여성의 가슴을 크고 탱탱하게 만드는 현상을 여러 차례 목격했습니다. 확실히 남자의 손을 탄 가슴은 그전에 비해 동그랗게 부풀어 오릅니다. 윤기가 넘치고 탄력이 좋아지며 건강한 혈색을 가지게 됩니다. 더구나 제가 제시한 자위행위 매뉴얼을 실시한 여성들은 불과 몇 번 하지도 않았는데, 가슴이 커진 게 표가 난다며 놀라워했습니다. 다만 젖꼭지는 선홍빛의 신선함이 사라지고 검붉게 그늘지는 부위가 늘어나며, 작은 돌기가 몇 개 솟아오르기도 합니다. 하지만 그 모습 역시 나름 건강미 넘치고 포근해 보입니다.

이렇듯 여성의 가슴은 남자들의 동경과 로망이 살아 숨 쉬는 생생한 공간이자, 성장 가능성이 무궁무진한 핫스팟입니다. 항상 연인의 가슴에 충일한 기운이 가득하게 하십시오. 섬세하고 애정 어린 손길로 설레게 하십시오. 촉촉한 혀와 부드러운 입술로 사랑이 녹아들게 하십시오. 마침내 주체할 수 없는 흥분과 기쁨을 억누르지 못해 가슴이 터지게 하십시오!

결정적인 순간에 남자의 가슴을 밀착시켜 격렬하게 포옹하면 그녀에게 심장이 멎을 듯한 짜릿함을 선물할 수 있습니다. 굳이 섹스를 하지 않더라도 평상시에 포옹을 하는 것만으로도 그녀를 감동시킬 수 있습니다. 자신이 연인을 얼마나 사랑하는지, 그대의 존재가 얼마나 소중한지를 깨닫게 할 수 있습니다.

단, 그런 정신적 사랑도 결국에는 육체로 표현됩니다. 남성들이여! 당신의 손과 혀가 그녀의 가슴에 닿는 시간을 반드시 늘리십시오. 매일 그 시간을 유지하고 반복해나간다면 그녀의 가슴과 함께 두 사람의 사랑도 커질 것입니다.

21강

남성보다 우월한 여성들

미국에서 일어난 믿기 힘든 오르가슴 실험

여성의 성적 구조와 메커니즘은 남성과 비교할 수 없을 만큼 훨씬 정교하고 섬세합니다. 잘만 다듬으면 그 어떤 무기와도 비교할 수 없는 비밀 병기로 개발할 수 있죠. 제 강의를 듣고 진지하게 애무를 실시해본 남자들은 여자들이 하나의 자극에 얼마나 다양한 방식으로 화답하는지 이미 알고 있을 것입니다.

그렇다면 여성이라는 복잡하고 신비로운 유기체가 연속해서 느낄 수 있는 오르가슴의 횟수는 어느 정도일까요? 이 궁금증을 풀기 위한 실험이 실제로 미국에서 있었습니다. 여자 지원자 한 명이 수십 명의 남자 지원자와 쉬지 않고 섹스를 하는 실험이었습니다. 뛰어난 안목을 가진 여러 명의 관찰자와 녹음기, 카메라, 심전도기 등이 지원된 이 실험을 끝낸 사람은 무려 60번 이상 오르가슴에 오른 여자가 아니라 배고프고 지겨워진 관찰자들이었습니다. 여자가 남긴 마지막 기록은 "피로하지만 행복하다." 정도였죠.

제가 방송을 통해 인터뷰한 47세 여성은 한 번 섹스에서 스무 차례 정도 오르가슴을 느꼈다고 말하기도 했습니다. 저 역시 한 차례 섹스에서 열 번 정도의 오르가슴을 선물한 경우가 자주 있으며, 멀티 올가 이후의 피스톤 운동을 통해 연속 오르가슴에 몸부림치는 여성도 몇 차례 목격한 바 있습니다. 이때의 오르가슴은 일반적인 멀티 올가와 달리 오르가슴 사이의 간격이 1~2분으로 매우 짧으며, 때로는 어디서 끊어지고 이어지는지 가늠할 수 없을 만큼 태풍처럼 밀려드는 특징이 있습니다.

침대 위에서 나라를 지배한 여성들

동서양의 역사를 보면 막강한 성적 능력을 뽐낸 희대의 요부는 대개 거대 권력을 장악한 이들이었습니다. 그중에서도 로마 클라우디우스 황제의 아내였던 메살리나의 방탕은 으뜸을 차지

한스 마카르트, 〈메살리나 역의 샬럿 볼터〉, 1875년경, 캔버스에 유채, 빈 역사 미술관

◎
방탕한 성생활로 로마를 휘어잡았던 메살리나의 일대기는
훗날 많은 예술가들에게 영감을 제공했다.
마카르트가 그린 메살리나에서는 남성 못지않은 강렬한 카리스마를 느낄 수 있다.

합니다.

　10대 중반에 늙은 황제와 결혼한 그녀는 두 아들을 낳은 뒤 오직 쾌락만을 좇으며 평생을 보냈습니다. 수시로 애인을 바꿔가며 정욕을 불태우고, 성대한 파티를 열어 귀공자나 배우들과 난교 성격의 섹스를 즐겼습니다. 그것만으로는 부족해 한밤중에 거리로 '남자 사냥'을 나섰는데, 그때에는 머리와 가슴을 온통 금색으로 물들인 상태였죠. 가장 엽기적인 행각은 그 당시 유행했던 섹스 마라톤에 직접 참가했던 것입니다. 로마의 환락가에서도 이름난 창녀들이 참여하는 섹스 마라톤은 가장 훌륭한 솜씨로 많은 남자를 상대한 여성을 챔피언으로 추대하는 경기였습니다. 이런 대회에서 메살리나는 하룻밤 만에 무려 25명의 힘을 깡그리 소진시키고 당당히 챔피언 자리에 올랐습니다. 기록에 의하면 그녀는 마지막까지 떨고 있는 자신의 성기를 자랑하며 관중들의 환호를 독차지했다고 합니다.

　그러나 퇴폐 문화에 흠뻑 빠져 있던 그녀도 로마 제일의 미남 집정관 가이우스와 통정한 뒤부터는 그에게만 몸을 맡겼습니다. 뒤늦게 사랑이 찾아왔다고 해야 할까요? 사랑에 눈이 먼 메살리나는 결국 가이우스와 비밀 결혼식을 올렸다가 황제에게 들통이 났고, 화가 난 황제는 그녀에게 사형 선고를 내렸습니다. 그런데 정작 메살리나의 목숨을 앗아간 사람은 황제가 아닌 나르키스라는 환관이었습니다. 메살리나와 나르키스는 원래 육체를 나누는 사이였는데, 메살리나가 자기를 버리고 다른 남자에게 가버리자 질투에 사로잡혀 그녀를 살해한 것이죠. 그때 그녀의 나이는 불과 24세였습니다.

중국 역사상 유일한 여제였던 측천무후는 메살리나보다 한 수 위였습니다. 그녀는 연적을 제거하기 위해 자기가 낳은 황제의 딸을 직접 죽인 뒤 다른 사람에게 그 죄를 뒤집어씌우고, 자신의 아들마저 권력을 지키기 위해 살해하였습니다. 결국 황제 자리에 오른 그녀는 수많은 남첩을 거느렸는데, 자신을 배신한 한 남첩은 궁녀들을 시켜 때려죽이기도 했습니다.

막내딸이었던 태평공주가 72세였던 측천무후의 환심을 사기 위해 그녀의 정부 장창종, 장역지 형제를 바친 일화는 몹시 유명합니다. 측천무후는 두 미소년과 즐거운 밤을 보냈고, 이들의 관직은 초고속으로 상승하여 마침내 국사를 돌보는 수준에 이르게 됩니다. 사마천이 기록한 역사서 『사기』에 의하면 측천무후가 거느렸던 남첩의 수가 3000명에 이른다고 합니다. 개혁 정치를 단행해 당의 전성기를 이끌었던 업적의 이면에는 끝없는 성적 쾌락을 추구했던 어두운 그늘도 병존했던 것입니다.

이 밖에도 중국 최고의 요부라 일컬어지는 하희는 경국지색에 방중술의 대가로서, 세 명의 남편과 두 명의 임금, 한 명의 아들을 저승으로 보냈습니다. 두 대신이 그녀 때문에 정신병에 걸렸고, 한 나라가 역사에서 사라졌죠. 하희는 남성의 양기를 빨아들이는 데 탁월한 능력을 발휘해, 그녀와 잠자리를 가진 남자들은 얼마 지나지 않아 시름시름 앓다가 운명을 달리했다고 합니다.

페터 세베린 크뢰이어, 〈메살리나〉, 1881년, 캔버스에 유채, 스웨덴 예테보리 미술관

◎

마카라트가 그린 메살리나와 크뢰이어가 그린 메살리나는 사뭇 느낌이 다르다. 마카라트의 메살리나가 파괴적 성욕에 물든 모습이라면, 크뢰이어의 메살리나는 탐욕적 성욕에 집착하는 인상이다.

클레오파트라, 양귀비, 서시, 진성 여왕, 장희빈 등 역사에 이름을 남긴 여인들은 여성이 성적으로 얼마나 강력한 힘을 지니고 있는지 보여줍니다. 여성이 남성보다 훨씬 강한 성적 능력을 가지고 있음은 이렇게 역사가 증명해주고 있죠.

사랑하는 여성을 어떻게 사로잡을 것인가

여자는 애인이 있으면서도 왜 다른 남자에게 어필하고 싶어 할까요? 앞에서 살펴보았듯이 많은 이성을 만나고 싶은 욕망은 남성들만의 것이 아닙니다. 이미 22년 전 국내 한 여성지가 40대 주부 500명을 대상으로 성 의식을 조사한 결과, 남자친구를 따로 갖고 싶다고 응답한 주부가 무려 78%에 달해 충격을 준 바 있습니다. 물론 단순한 성적 판타지로 치부할 수도 있지만 여기서 제가 주목하는 것은 많은 이성을 만나고 싶어 하는 여성들의 솔직한 심리입니다.

시대가 많이 흘렀습니다. 요즘 젊은 여성들은 이른바 어장관리의 전문가입니다. 어렸을 때부터 이미 학교생활을 통해 수많은 남성과 인간관계를 맺어온 만큼 이상할 게 없는 현상입니다. 게다가 최근에는 카카오톡, 페이스북 등 모바일 메신저가 발달하면서 대인관계를 맺을 수 있는 통로가 무한대로 열렸습니다.

이러한 혼돈 속에서 '만나는 친구 = 애인'의 공식은 성립하지 않습니다. 단순한 친구 사이든 특별히 사귀는 관계든, 아니면 중간에서 왔다 갔다 하든 누구 한 명 뭐라 하는 사람도 없습니다. 현대 사회가 가지고 있는 만남의 구조는 여성을 그냥 놓아두려 하지 않습니다.

이러한 풍요 속에서 성장한 그녀는 당연히 당신을 특별하게 생각하면서도, 다른 후보자를 물색하거나 이미 '썸'을 타고 있을 수 있습니다. 생각만 해도 화가 치민다고요? 우리 남성들도 좀 솔직해지도록 합시다. 사랑하는 여인이 있지만 다른 여인에게도 잘 보이고 싶은 게 남자들의 마음 아닌가요? 물론 제 경험상 손해를 보는 쪽은 아직 마음 한쪽에 순정을 간직하고 싶어 하는 남자들이지만 말입니다.

남성들이여! 어장 관리에 능숙한 당신의 앙큼한 연인을 어떻게 사로잡아야 할까요? 바로 밤낮 가리지 않고 진정한 사랑으로 보답하는 것입니다. 자신의 마음을 다잡고 행복을 주기 위해 최선을 다하십시오. 답은 이미 정해져 있습니다.

22강

노래에 반영된 성풍속도

민요 속에 숨은 성적 상징

예전부터 전해지는 속설 가운데 '코가 큰 남자는 물건이 크고, 입이 큰 여자는 거기가 크다'는 얘기가 있습니다. 하지만 모두 알고 있다시피 이는 근거 없는 이야기입니다. 그런데 코와 입 얘기를 꺼내니 대학생 때 〈뱃노래〉라는 민요를 개사해 불렀던 재미있는 노래가 생각나는군요. 원래는 굿거리장단의 경상도 민요인데, 가수 태진아가 편곡해서 다시 부르기도 했죠. 다음은 우리가 불렀던 노래의 익살스러운 가사입니다.

언니야, 언니야, 언니는 좋겠네
우리 형부 코가 커서 언니는 좋겠네
아우야, 아우야, 그런 말 말아라
네 형부 코만 컸지 별 볼 일 없더라
에야노야노~ 에야노야노 어기여차~
뱃놀이 가잔다~
형부야, 형부야, 형부는 좋겠네
우리 언니 입이 커서 형부는 좋겠네
처제야, 처제야, 그런 말 말아라
네 언니 입만 컸지 별 볼 일 없더라
에야노야노야~ 에야노야노 어기여차~
뱃놀이 가잔다~

몇 년 전 동사무소에서 주관하는 '경기 민요반' 수업을 일 년 넘게 들은 바 있습니다. 사람들과 함께 장구를 치고 민요를 공부하고, 자선 공연을 열기도 했지요. 그런데 민요를 공부하다 보니 의외로 섹스에 관련된 상징이 많아서 깜짝 놀랐던 기억이 납니다. 역시 성에 대한 호기심과 관심은 동서고금을 가리지 않았던 모양입니다. 그때 배웠던 〈둥당에 타령〉이라는 재미있는 노래를 하나 소개해보겠습니다.

날씨가 좋아서 꼴 베러 갔더니만 모진 년 만나서 작대기 세웠네

덩기둥당에 둥당덩
(받는소리) 둥당덩 둥당덩 덩기둥당에 둥당덩 둥당에디야 둥당에 디야 덩기둥당에 둥당덩
날씨가 좋아서 나물 캐러 갔더니만 모진 놈 만나서 돌베개 베었네 덩기둥당에 둥당덩
(받는소리) 둥당덩 둥당덩 덩기둥당에 둥당덩 둥당에디야 둥당에 디야 덩기둥당에 둥당덩

우리가 잘 아는 〈군밤 타령〉은 또 어떻습니까?

바람이 분다 바람이 분다 연평 바다에 어허얼사 돈바람 분다
(받는소리) 얼사 좋네 하 좋네 군밤이요 에헤라 생률밤이로구나
봄이 왔네 봄이 왔네 금수강산에 어허얼사 새봄이 왔네
(받는소리) 얼사 좋네 하 좋네 군밤이요 에헤라 생률밤이로구나
학도 뜨고 봉도 떴다 강상 두루미 어허얼사 높이도 떴다
(받는소리) 얼사 좋네 하 좋네 군밤이요 에헤라 생률밤이로구나

여기서 바람이 부는 연평 바닷가는 바로 남녀가 성교를 나누는 공간이며, 생률밤은 아주 싱싱하고 왕성한 남성의 성기를 상징합니다.
〈도라지 타령〉에 등장하는 '대광우리'는 시집 못 간 처녀의 성기를 의미하며, 광주리를 '철철 다 넘는' 도라지는 남성의 성기

◎

조선 최고의 춘화를 모은 운우도첩(雲雨圖帖)에 수록된 그림이다.
화사하게 꽃이 핀 어느 봄날, 풍류를 찾아 나선 젊은 양반이
기생으로 보이는 여인과 관계를 맺고 있다.
어찌나 급했는지 자리도 깔지 않은 채 말이다.

김홍도, 〈운우도첩〉, 19세기, 종이에 수묵 담채, 서울 국립중앙박물관

를 표현한 것입니다. 결국 이 노래는 성적으로 공허한 처녀에게 '한두 뿌리만 캐어도' '대광우리가 철철 다 넘는' 행운이 발생함을 의미합니다.

이 밖에도 〈풍구 타령〉은 풍구(풀무)로 상징되는 성기를 세워 들고 여기저기 돌아다니면서 정액을 분출하는 낭군에 대한 원망이 담겨 있으며, 대부분 알고 있는 〈가루지기 타령〉은 변강쇠와 옹녀의 애절한(?) 사랑을 풍자와 해학으로 기막히게 다루고 있습니다. 바람둥이 노래로 불리는 '난봉가'만 하더라도 '진주난봉가', '개성난봉가', '긴난봉가', '병신난봉가' 등 지역마다 다른 형태로 존재하고 있으니, 겉으로는 점잖은 척하면서 수많은 비행을 저질렀던 옛날 조상들의 행태를 가히 짐작할 수 있습니다.

대중가요로 이어지는 성적 상징

노래 속에 담긴 선정성은 현대로 올수록 더하면 더했지 덜하지는 않습니다. 지금은 초등학교 5학년인 제 딸이 네 살 때 해변에서 모래성을 쌓으면서 불렀던 장윤정의 〈어머나〉를 저는 아직도 기억합니다.

"오늘 처음 만난 당신이지만 내 사랑인 걸요 / 헤어지면 남이 되어 모른 척하겠지만 좋아해요 사랑해요" 이 얼마나 선정적인가요? 노래의 마지막에 이르면 급기야 그녀는 이렇게 말하고 맙니다. "당신 위해서라면 다 줄게요" 처음 만난 사람에게 모든 걸 다 준다니, 너무 진도가 빠르지 않나요? 네 살배기 딸이 뜻도 모르고 이 노래를 부르는데 기가 막히는 건 제가 예민하기 때문인가요?

그런데 그보다 훨씬 전인 1990년에 나온 태진아의 〈거울도 안 보는 여자〉는 더 적극적이었습니다. 노래의 남자 주인공이 만난 여성은 "사랑 찾아 헤매는 쓸쓸한 여자"입니다. 주인공은 그녀에게 "오늘 밤은 그 어디서 외로움을 달래나" 걱정해주고, 마지막에는 엄지손가락을 치켜세우며 "오늘 밤 나하고 으응으응으응으응 사랑할 거나" 하고 유혹하지요. 어디 그뿐입니까. 놀랍게도 그보다 오래전인 1979년에 이미 혜은이는 〈제3 한강교〉라는 노래를 불러 엄청난 센세이션을 일으킨 바 있습니다.

> 어제 처음 만나서 사랑을 하고
> 우리들은 하나가 되었습니다
> 이 밤이 새면은 첫차를 타고
> 이름 모를 거리로 떠나갈 거예요
> 아하~ 뚜루뚜루뚜~

오죽하면 너무 야하다며 중간에 가사를 고치는 소동을 겪었을까요. 어쨌든 그 당시 유행했던 디스코 리듬을 적극 이용했던 이 노래는 지금은 한남 대교로 명칭이 바뀐 제3 한강교를 국민

다리로 만들어놓았습니다.

    과거의 노래가 이 정도니 최근 논란이 되는 대중가요의 선정성 문제는 논하지 않아도 될 듯합니다. 다만 요즘 청춘들과 중장년들은 노래방이나 클럽에서 어떤 작업송을 부르고 있을지 궁금할 뿐입니다.

23강

모든 남녀는 명기가 될 수 있다

성 콤플렉스는 극복할 수 있다!

많은 사람이 성과 관련된 콤플렉스 때문에 괴로워합니다. 특히 남성들은 자신의 성기에 대한 길이 때문에 자신감을 잃고 섹스에도 소극적인 모습을 보입니다. 그러나 이러한 콤플렉스는 알고 보면 부질없는 것입니다. 대한민국 남성 페니스의 평균 길이는 11cm 정도로 서양 남성의 평균보다 약 2cm밖에 짧지 않고, 여성 질의 평균 깊이는 9cm에 불과합니다. 게다가 지스팟은 질 입구에서 4.5cm 안쪽에 존재합니다. 여성이 질에서 예민함을 느끼는 세포는 바깥에서부터 3분의 1 안쪽에 존재한다고 하니, 설령 평균 길이의 반밖에 안 되는 남성이라도 지레 겁먹을 필요는 없는 것입니다. 물론 기왕이면 좀 길고 큰 것이 더 보기에 좋겠지만 말입니다.

사정에 이르는 시간에 있어서도 많은 남성이 자신을 조루라고 생각하는데, 실은 그렇지 않습니다. 만약 진짜 조루증을 앓고 있다고 해도 약물의 도움을 받거나 사정 직전에 멈추는 훈련을 하면서 성감 조절 능력을 기를 수 있습니다.

하지만 이런 것들을 생각하기 전에 지금까지 제가 강의에서 강조했던 내용들을 떠올려보십시오. 제 강의의 핵심 지향점은 음핵 오르가슴이고, 여성에게 멀티 올가를 선물하고자 할 때 가장 중요한 것은 여성이 오르가슴에 이르기 전에 절대 페니스를 삽입하지 말라는 것이었습니다.

생각해보십시오. 여성이 이미 오르가슴에 도달했는데 페니스의 길고 짧음이 무슨 문제가 되겠습니까? 반대로 멀티 올가의 무아지경에 오른 그녀는 당신의 귀여운 심벌을 다행으로 여길 수도 있습니다. 사정에 이르기까지 오랜 시간이 필요 없는 당신에게 오히려 고마움을 느낄 수도 있습니다. 특히 그녀가 멀티 올가에 오르기 전까지 절대 흥분하지 않는 당신의 새로운 습관은 조루증을 확실하게 치료하고, 나아가 성감마저 조절하는 능력을 얻도록 할 것입니다.

여성의 경우 성 불감증에 시달리는 환자가 의외로 많은 편입니다. 그런데 성 의학 전문가들의 말에 의하면 불감증이라 믿고 병원을 찾아온 환자 가운데 70% 정도는 전혀 불감증이 아니라고 합니다. 만일 이 책을 읽고 계신 여성분 가운데 불감증을 의심하는 분이 계시다면, 제가 제시한 자기 위로 매뉴얼을 활용해보십시오. 나아가 연인에게 제가 제시한 방법을 소개하고 섬세한 애무를 통해 자극에 눈을 뜨십시오. 마침내 오르가슴에 오르고 있는 자신의 모습을 발견하게 될 것입니다.

길이가 달라요!

가끔 아프리카TV 강의에서 '성 고민 상담소'라는 타이틀을 걸고 성에 대한 고민을 상담해주곤 했습니다. 양성애부터 쓰리섬, 난교 등 다양한 고민이 많았는데, 그중 26세의 남성이 진지하게 털어놓았던 고민을 여러분에게 소개할까 합니다.

그는 공무원 연수원에서 연인을 만났으며, 정식으로 근무를 시작한 지는 2년이 지났다고 했습니다. 그러니 연애를 한 지 2년 정도 지난 셈인데, 문제는 서로 신장 차이가 많이 나서 그만큼 서로의 성기 길이도 달랐다는 점입니다. 남성은 180cm의 훤칠한 키에 17cm의 긴 페니스를 가진 편이었고, 여성은 152cm의 아담한 신장에 남들보다 짧은 질을 가지고 있었습니다.

남성은 이전에 사귀었던 여성과 제법 오랫동안 격렬한 피스톤 운동을 즐겨왔다고 했습니다. 그런데 지금 만나는 여성은 성기를 조금만 넣어도 거부 반응을 일으키고, 그나마도 움직일라치면 고통을 토로해 금방 나와버린다고 고백했습니다. 다행히 여성이 오럴 섹스를 통해 달래주고는 있지만, 채워지지 않는 부족함을 달래고 싶어 최근 안달이 난 상태였습니다.

함께 고민을 듣던 사람들은 그의 심정이 이해가 되었는지 고개를 끄덕이며 앞다투어 그에게 위로의 말을 전했습니다. 하지만 차라리 그럴 거면 헤어지는 게 나을지도 모른다는 말에 그 남성은 워낙 정신적 코드가 잘 맞고 편하게 대해주는 여자라 헤어지고는 싶지 않다며 말꼬리를 흐렸습니다. 저는 여성을 생각하는 그의 태도에서 진정성을 느꼈고, 그래서 진지하게 이런 처방을 내려주었습니다.

"추측건대 그녀의 질이 7cm라고 치면 당신과 그녀의 성기 길이 차는 10cm 정도가 되는군요. 괜찮습니다. 원래 여성의 질은 신축성이 뛰어나서 앞으로 1~2년만 더 버티면 지금보다 더 깊이 삽입을 할 수 있을 것입니다.

우선은 당신의 성기를 조금만 삽입하고 짧고 빠르게 움직여보세요. 그녀의 성감대는 질 입구와 바깥에서부터 3~4cm 사이의 지스팟에 집중되어 있습니다. 그 사이를 공략해서 쾌감의 정도를 증폭시켜야 그녀를 더욱 적극적인 쾌락의 세계로 인도할 수 있습니다. 나중에는 그녀가 직접 상위 자세를 통해 자유자재로 자극을 조절할 수도 있고요.

에두아르 마네, 〈올랭피아〉, 1863년, 캔버스에 유채, 파리 오르세 미술관

◎

마네는 고전적인 누드화가 더 이상 의미를 갖지 못한다고 판단했다.
그는 기존의 누드화가 인간의 육체를 아름답게 표현하는 데만 집착하고 있다고 보았다.
그리고 여기에서 벗어나기 위해 고객으로부터 꽃을 선물받는
고급 매춘부를 사실적으로 표현했다.

물론 당신도 좁은 공간에 어울리는 피스톤 운동법을 찾을 수 있을 것입니다. 그리고 결국엔 이를 정상위뿐만 아니라 후배위, 여성 상위 등에도 적용하게 되겠지요. 나아가 애무 중심의 멀티 올가를 실현하면 만족스러운 섹스 방법을 찾는 데 큰 도움이 될 수 있습니다. 만약 그래도 정상적인 섹스가 어렵다면 질 확장술을 받는 등 비뇨기과 전문의의 도움을 받는 것도 고려해보십시오. 당장은 힘들겠지만 그녀를 사랑하는 당신의 마음을 떠올리며 조금만 더 버텨보세요."

정성어린 제 조언에 그는 진심으로 감사를 표했습니다.

방금 얘기한 사례는 매우 양호한 경우입니다. 실제로는 많은 사람이 이보다 더 심각한 콤플렉스에 시달리고 있습니다. 그러나 그 어떤 콤플렉스라도 현명하게 생각하면 의외로 쉽게 해결책을 찾을 수 있습니다. 먼저 콤플렉스를 극복할 수 있다는 자신감을 가지십시오! 그리고 길이 보이면 머뭇거리지 말고 적극적으로 움직이십시오!

명기가 되는 그날까지

어린 시절 제 가장 큰 콤플렉스는 목욕탕에서부터 시작되었습니다. 흘낏흘낏 훔쳐본 또래 친구들의 고추는 제 고추보다 두 배 정도 컸습니다. 나이가 들어서도 마찬가지였습니다. 왜 내 물건은 친구들보다 훨씬 작을까 늘 고민이었죠. 이런 콤플렉스는 성장하면서 저절로 해결됐습니다. 여러 자료를 뒤지고 친구들에게도 조언을 구해본 결과, 정작 발기한 상태에서는 제 물건이 더 컸으면 컸지 작은 게 아니었기 때문입니다.

나이가 들면서 전혀 새로운 사실을 알게 되었는데, 그것은 제 성기가 20대의 그것처럼 단단하다 못해 튼튼하며, 성교 시에도 마음먹기에 따라 사정 시간을 자유롭게 조절할 수 있다는 것이었습니다. 지금도 2시간은 발기 상태를 유지할 수 있다고 자부합니다. 심지어 여성이 자위행위를 도와줄 때에도 1시간 정도는 사정을 지연시킬 수 있는데, 실제로 여성이 양손을 번갈아가며 사용하다가 제발 사정해달라고 요구한 적도 많습니다.

조금 더 자랑을 하자면 제 성기는 뭇 남자들이 부러워하는 '자라X'입니다. 제가 아는 20대 여성이 친구들을 만났는데 애인의 물건 크기에 대한 이야기가 나왔다고 합니다. 그런데 그중에서도 나름 경험이 많았기로 유명한 베테랑 친구가 이런 말을 하더랍니다.

"이것들아, 굵기가 길이보다 조금 더 중요하긴 하지만, 진짜 중요한 건 따로 있어. 남자 물건 중에서 명기라 불리는 게 뭔지 아니? 바로 자라X야."

자라X은 평소에는 매우 작지만 발기하면 평균 이상이고, 오르가슴 직전에 이르면 1~2cm가 더 커집니다. 게다가 몹시 단단하고 감촉이 부드러우며, 사정 시간을 조절하는 능력도 뛰어나서 여자들의 만족도가 높습니다. 그런데 안타까운 사실은 자라X은 이삼백 명의 남성 가운데 한 명만 가지고 있다는 것입니다. 제가 얼마나 자랑스러운 마음일지 남성 여러분은 이해하시겠지요?

그렇다면 여성 성기 중에서는 어떤 성기가 으뜸이고 명기일까요? 여성의 명기는 내밀한 속살 뒤에 페니스를 포근하게 덮어주는 내부 구조를 갖추고 있어서 남성에게 극도의 만족감을 줍니다. 나아가 혀를 날름거리듯 매끄럽게 훑고 지나는 것이 정말 기묘한 쾌감을 줍니다. 하지만 아쉽게도 명기를 가진 여성 또한 몹시 드물어서 평생 만나기가 힘들다고 합니다. 저 또한 비슷한 느낌에 몸을 떨었던 여성이 있지만, 이를 구체적으로 얘기하기는 조금 조심스러운 마음이 듭니다. 아무래도 지금 진행하고 있는 강의의 목표는 충분한 애무를 통해 연인에게 멀티 올가를 선물하는 멋진 남자가 되는 것이니까요.

멀티 올가 상태에 오른 끈적끈적한 여인의 성기는 이미 전과는 차원이 다른 최고의 명기 상태에 오르게 됩니다. 그 부드러움과 촉촉함, 조임의 정도는 비교가 불가능할 만큼 특별합니다. 여러분은 애무를 통해 최고의 명기를 가진 남자 또는 여자가 될 수 있습니다. 그리고 그 여부는 애무에 임하는 진지한 마음 자세와 노력에 달려 있습니다.

24강

100세 시대의 섹스는 어떻게 달라질까?

120세에 섹스를 하는 그날까지

　TV에서는 100세 시대에 접어들었다고 이구동성으로 외쳐 댑니다. 〈꽃보다 할배〉에서 정정한 모습을 과시했던 신구 선생과 이순재 선생은 80세 전후입니다. 축구 선수로 활약했던 박종환 전(前) 감독은 여든을 코앞에 두고도 아직 활발하게 그라운드를 누비곤 하지요. 그만큼 건강 관리를 잘하면 오랫동안 행복하게 자신이 하고픈 일을 하며 살 수 있습니다.

　확실히 대한민국은 100세 시대로 접어들었습니다. 생명 과학 분야의 과학자들은 생명 공학의 놀라운 발전 덕분에 10~20년 안에 평균 수명이 120세까지 확장될 것이라 말합니다. 과장하지 않더라도 지금의 50대는 100세 정도를 살 것이고, 20~30대는 그 이상을 살 것입니다. 우리가 아는 가정의 형태와 삶의 모습에도 많은 변화가 생길 테죠. 아예 가구의 개념이 흔들릴 수도 있습니다. 실제로 미국에서는 세계 최초로 세 명의 여성이 동시에 결혼식을 올려 화제가 된 바 있습니다.

대부분 학자는 가까운 미래에 일부일처로 평생을 보내는 삶의 형태가 흔들릴 것으로 예상합니다. 수명이 연장되면서 인간은 더욱 다양한 만남의 기회를 보장받게 될 것이고, 욕망 또한 다양한 형태로 표출될 것으로 예상하죠.

하지만 저는 아직 운명적인 한 여자를 만나 소박하게 살고 싶은 마음이 강한 남자입니다. 그러한 삶의 양식이 가장 온전하고 아름답다고 생각하기도 하고요. 더구나 수명 연장으로 인한 풍속의 변화는 우리의 논제가 아닙니다. 여기서 우리가 주목해야 할 부분은 수명이 늘어나면서 누릴 수 있는 섹스의 양이 많이 증가했다는 사실입니다.

그렇기 때문에 여러분은 제 강의를 반드시 들어야 합니다. 이 책은 앞으로 여러분이 수많은 성적 기쁨의 시간을 누리고, 특별한 기억을 남기는 데 도움이 될 것입니다. 젊은 여러분이 남은 인생을 만끽하며 살아가는 데 더할 나위 없는 최고의 지침서가 될 것입니다.

나이는 숫자에 불과하다!

저는 항상 강조합니다. "나이는 정말 숫자에 불과합니다!" 나이를 제법 먹은 지금은 더욱 세찬 목소리로 말합니다. "제 정신 나이는 30이고, 육체 나이는 20이며, 감성 나이는 10대입니다." 이렇게 얘기하면 40대 초중반의 아저씨들이 피식 웃습니다.

제 나이는 올해 54세입니다. 그래서 제가 최신 아이돌 노래를 부르면 사람들은 "꽤 젊게 사네." 하고 놀라는 편입니다. 하지만 이 정도는 약과입니다. 제가 일주일에 5회가량 5~20분씩 자위행위를 하고, 마음만 먹으면 30분 이상 가능하며, 실전 피스톤 운동은 1시간 이상 버틴다고 얘기하면 다들 놀라서 입이 쩍 벌어집니다.

적어도 멀티 올가를 선물하고자 하는 섹스에서는 남성의 발기 시간이 길면 길수록 유리합니다. 1~2시간 이상 버틸 수 있는 힘이 필요하죠. 그러나 발기 시간이 짧은 분들도 위축될 필요는 없습니다. 다시 말하지만 조루증을 앓고 있는 남성 역시 정성스런 애무를 통해 여성을 행복하게 해줄 수 있으며, 오히려 애무 중심의 멀티 올가가 더 큰 만족을 제공할 수 있습니다.

의학 기술이 발달하면서 실제 나이를 10년 이상 훌쩍 뛰어넘을 수 있는 시대가 열렸습니다. 최근 일본에서는 미모의 여성 과학자가 체세포에서 만능 줄기세포를 만들어내는 방법을 개발했다고 발표해 세상을 떠들썩하게 만들었습니다. 비록 조작 의혹을 받으며 논문 발표를 철회했지만, 몇 십 년 이상 생명을 연장할 수 있다는 희망을 심어주기에는 충분했습니다.

미국 캘리포니아 대학 샌프란시스코 의대 연구진은 나이 든 쥐에 젊은 쥐의 피를 수혈했더니 뇌세포가 다시 발달하는 현상을 발견했습니다. 하버드 의대 연구진도 젊은 쥐에서 채취한 특정 단백질을 나이 든 쥐에게 투여하면 운동 능력과 후각이 향상된다고 발표했죠. 늙은 사람도 젊어질 수 있다는 가능성을 발견한 것입니다.

그만큼 나이 든 사람도 젊은 사람과 관계를 맺을 가능성이 높아졌습니다. 반대로 젊은 사람은 나이 든 사람과 만날 일이 많아졌고요. 나이 든 사람이 욕심도 많다고요?

젊은 그대여. 새겨들으십시오. 그대들도 언제까지고 젊지만은 않습니다. 지금 20대가 70대가 되는 미래에는 30년 이상 자연스럽게 나이를 넘나드는 시대가 될 수 있습니다. 역지사지로 생각하십시오.

저는 최소한 앞으로 20~30년은 지금의 넘치는 체력과 정력을 유지할 수 있다고 생각합니다. 더구나 발전하는 과학의 힘을 빌린다면 100세 넘어서도 행복한 성생활을 즐길 수 있지 않을까 상상합니다. 하긴 남자는 숟가락 들 힘만 있으면 섹스가 가능하다고 하니 두고 볼 일입니다.

여러분! 나이는 성적 능력과 스킬에 따라, 특히 마음먹기에 따라 충분히 바뀔 수 있습니다. 나이는 숫자에 불과합니다!

◎
에스파냐 궁정 화가로 활약했던 고야는
그 당시 최고 명문 귀족이었던 알바 공작 부인과 사랑에 빠진다.
하지만 공작 부인은 왕실 수상을 만나 다시 사랑에 빠지고,
수상은 고야를 불러 자신의 애인, 즉 공작 부인의 전신 초상화를 그려달라고 요구한다.
이제는 다른 남자의 애인이 된 옛사랑을 그리는 고야의 마음이 어땠을까?

프란시스코 고야, 〈벌거벗은 마야〉, 1803년경, 캔버스에 유채, 마드리드 프라도 미술관

베짱이 찬가

걸그룹 써니힐의 노래 중에 〈베짱이 찬가〉라는 곡이 있습니다. 몹시 빠른 템포로 경쾌하게 흘러가는 리듬 속에서 그녀들은 이렇게 외칩니다.

> 미루고 미루다 행복은 없어
> 오늘은 또 다시 없어
> … (중략) …
> 노래나 부르며 손뼉을 치면서
> 웃으며 살고 싶어

현대 사회는 이미 상당 부분 베짱이들의 세상입니다. 저도 젊은 시절에는 여러분만큼 열심히 살아왔습니다. 25년이 넘도록 아침 6시에 일어나고 밤 11시가 넘어 집에 돌아오는 치열한 삶을 살았죠. 주말에도 일하기를 서슴지 않았으니 돌이켜보면 스스로를 너무 가혹하게 대했던 것 같습니다.

1995년 발표한 베스트셀러 장편 소설 『유라의 하루』도 평일 오후 단 두세 시간의 자투리 시간을 이용하여 쓴 것입니다. 다른 학원 강사들은 체력 보충을 위해 취침실에서 낮잠을 자는데 저만 홀로 독서실에 앉아 열정을 불태웠죠. 심지어 나중에는 학원 강의와 출판사 경영을 동시에 하는 저를 보고 강철 체력이라며 혀

를 내두르기도 했습니다

이처럼 과거에는 개미가 주목을 받는 시대였지만, 오늘날은 베짱이가 주목을 받는 시대입니다. 물질적 풍요보다는 정신적 충만이, 성실함보다는 여유로움이 가치를 인정받는 시대죠. 이미 많은 사회학자가 경제 성장기에 무시당했던 베짱이의 부활을 공언했고, 일부 경제학자와 철학자는 베짱이들의 삶의 방식을 예찬하고 있습니다.

제 삶의 방식도 많이 바뀌었습니다. 더 일하고 더 벌 수 있는데도, 일부러 조금씩만 일하며 인생을 즐기는 데 집중합니다. 어떤 이들은 극도의 가난 속에서 여유를 찾으려는 제 모습을 비웃기도 하지만 저는 이런 삶이 더 행복합니다.

여가를 즐기는 데 무관심했던 개미 여러분께 말씀드립니다. 열심히 일한 당신! 오늘 밤을 즐기십시오! 당신이 가진 성실함을 침대 위에서 사랑하는 연인에게 보여주십시오. 제가 강의한 멀티올가의 테크닉을 베짱이처럼 화려하게 사용해보십시오.

25강

첫 경험, 첫 오르가슴, 첫 멀티 올가?

첫 멀티 올가를 선물하는 남자

첫사랑의 추억은 아련합니다. 순수했던 그 시절, 당신의 영혼을 사로잡았던 그 사람에 대한 기억은 달콤하기까지 합니다. 그래서 첫사랑은 오랫동안 머릿속에서 사라지지 않습니다.

특히 첫 경험은 여자들에게 소중한 기억으로 남습니다. 사랑하는 남자에게 소중한 육체를 처음 보였다는 사실은 두려움과 고통도 잊게 만듭니다. 별로 원하지 않았던 남자와 급작스럽게 이루어진 첫날밤도 그 모양과 기분에 상관없이 평생 기억 속에 남

에두아르 마네, 〈풀밭 위의 점심 식사〉, 1863년, 캔버스에 유채, 파리 오르세 미술관

◎

이 걸작은 모든 규칙을 깨고, 누드화가 등장하는 작품의 전형성으로부터 완전히 탈피했다.
두 남자의 시선을 거부한 채 그림 밖을 응시하는 여인을 보라.
당당함과 뻔뻔함이 동시에 느껴지지 않는가.

게 됩니다.

하지만 첫 키스의 감미로움이나 첫 경험의 짜릿함보다도 놀라운 자극이 있으니 바로 첫 오르가슴입니다. 십중팔구 여성들은 첫 섹스에서 오르가슴을 경험하지 못합니다. 아니, 정확히 말해 오늘날을 살아가는 대부분의 여성은 자위행위를 통해 오르가슴의 희열을 이미 알고 있지만, 섹스를 통해서는 기대했던 그 느낌을 얻지 못합니다.

연인과의 섹스에서 기대했던 오르가슴을 맛본 여성은 더 근사하고 강렬한 쾌감을 내심 기대하게 됩니다. 하지만 끈질기지 못한 남성의 모습은 어딘가 부족하기만 하고, 그래서 여성은 첫 멀티 올가를 선물하는 남성을 잊지 못하게 됩니다. 이 사실을 확인하기 위해 저는 아프리카TV 강의 도중 여성들에게 이렇게 묻곤 했습니다.

"명품을 잘 사주는 남자가 좋습니까? 밤일을 잘하는 남자가 좋습니까?"

거의 모든 여자는 밤일 잘하는 남자를 택했습니다.

"잘생겼지만 부실한 남자가 좋습니까? 못생겼지만 잘하는 남자가 좋습니까?"

보통 못생긴 정도가 얼마나 되는지 꼬박꼬박 묻기도 하지만, 대부분은 끝내 잘하는 남자를 선택했습니다.

"짧고 화끈하게 하는 남자가 좋습니까? 길게 천천히 하는 남자가 좋습니까?"

이 질문은 개인차에 따라 답변이 반반으로 나뉘지만, 나이가 든 여성일수록 후자를 택하는 편입니다.

자, 답은 나왔습니다. 남성들이여, 사랑하는 연인에게 첫 멀티 올가를 선물하는 남성이 되십시오. 안타깝지만 당신은 사랑하는 연인에게 첫사랑의 오빠도, 첫 키스의 친구도, 첫 섹스의 남자도 될 수 없습니다. 심지어 첫 오르가슴도 선물할 수 없는 제한된 남자일 수 있습니다. 그러니 처음으로 멀티 올가를 선물하는 멋진 남성이 되십시오!

물론 처음이 꼭 중요한 것은 아닙니다. 20대 초중반 여성이 평균 다섯 명 이상의 남자와 관계를 가진, 그런 프리섹스 시대를 우리는 살고 있습니다. 부정할 수 없는 현실입니다. 젊은 남성들 역시 연인의 순결 따위는 신경을 쓰지 않습니다.

그래도 남성들이여! 첫 멀티 올가의 기쁨은 다른 첫 번째 행위와는 비교도 할 수 없을 만큼 큽니다. 첫 번째 멀티 올가를 그녀에게 선물하십시오. 나아가 그것을 자주 느끼게 해주십시오. 그러면 당신은 그녀의 기억 저편에 각인되어 있는 다른 남성들을 극복하고 그녀를 온전히 지배하게 될 것입니다.

26강

극강의 오르가슴과 멀티 올가 사이

극강을 넘어 멀티로 가는 길

우선 편의상 여성의 오르가슴을 세 단계로 구분하겠습니다. 보통 오르가슴과 그것보다 다섯 배 강한 극강의 오르가슴, 다시 이보다 다섯 배 더 강한 멀티 올가로 말입니다.

강의를 진행하면서 가장 안타깝다고 느꼈던 순간은 언제일까요? 많은 이가 제 강의를 통해 극강의 오르가슴을 느끼는 데까지는 성공하면서도, 마지막 한고비를 넘기지 못해 그다음 단계인 멀티 올가에는 이르지 못할 때입니다.

극강의 오르가슴은 멀티 올가와 분명히 다릅니다. 넘쳐흐를 만큼 많은 양의 애액을 방출하고, 오징어가 된다고 표현할 정도로 극한의 쾌락을 제공하는 것은 유사하지만, 멀티 올가와 달리 그 횟수는 단 한 번에 불과합니다. 비유하자면 세계에서 세 번째로 높은 칸첸중가 등정에는 줄곧 성공하면서도, 에베레스트 등정에는 실패해서 결국 역사에 기록되지 못하는 꼴이지요. 그런데 극강의 오르가슴과 멀티 올가의 간극은 생각보다 크지 않아서 조금만 더 기술을 연마하고 지속적으로 노력하면 멀티 올가의 경지에 이를 수 있습니다.

그럼 이제부터 극강의 오르가슴을 넘어 멀티 올가에 이르는 비책을 설명해 드리겠습니다.

첫째, 한 단계 업그레이드된 자극을 찾아보십시오. 노량진 학원에서 제 수능 강의를 들었다던 '훌훌' 님은 발 애무를 기피하는 애인 때문에 고민이 많았습니다. 하지만 며칠 연속 극강의 오르가슴을 선물하자 그녀는 수줍어하며 발을 내밀었고, 바로 그날 세 번의 멀티 올가에 이르렀다고 합니다. 자칭 1번 수제자인 남양주 님은 제가 가르쳐준 발가락 기술을 응용해 어금니 끝으로 발가락 사이사이 끝부분을 긁어주니 애인이 눈물을 흘렸다고 합니다. 이런 식으로 지금까지 구사했던 스킬보다 자극을 한 단계 강화시킬 수 있는 방안을 연구하고 마지막 순간에 실시해보십시오.

둘째, 첫 번째 오르가슴 이후 쉬는 시간을 가급적 짧게 가지십시오. 오르가슴의 여운이 강하게 남아 있는 상태에서 연속적인 자극을 가하면 여성은 멀티 올가에 오를 수 있습니다.

셋째, 다른 생각을 하거나 상상력을 발휘해서 의식을 집중, 또는 분산시키십시오. 극강의 오르가슴이 찾아오면 여성의 의식은 몹시 혼미해집니다. 이때 남성은 여성이 머릿속으로 야한 상상을 하게 유도해보십시오. 그녀만의 성적 판타지를 그리도록 밀어를 속삭여주십시오. 반대로 여성 스스로 의식을 아예 분산시켜서 심한 혼란에 빠지는 것도 좋습니다. 그 자체로 더 큰 자극을 받아들일 수 있는 발판이 되기 때문입니다.

넷째, 할 수 있다는 자기 암시를 계속 하십시오. 멀티 올가는 육체적 조건과 심리적 환경이 잘 맞아떨어질 때 찾아옵니다. 이번에는 멀티 올가에 이를 수 있다는 믿음을 가지고 자신을 격려해주세요. 물론 이는 남성과 여성 모두 마찬가지입니다.

다섯째, 남성은 여성과 호흡을 맞추어야 합니다. 여성이 원할 때 손, 입, 혀를 통한 멀티플레이를 제공하는 것은 물론, 마지막 순간에 소리를 질러서 여성의 자극을 극대화해야 합니다. "더! 더! 더! 더!" "안 돼! 거부하지 마!" "더 강하게 느껴!" "됐어! 이제 올라가자!" 등등 절정에 오르려는 순간 높은 수준의 밀어를 얘기해서 그녀를 흥분시키십시오.

여섯째, 닿을 듯 말 듯 빠르고 연속적인 터치로 손놀림의 예술가가 되십시오. 제 경험상 멀티 올가의 핵심은 혀와 손이 쥐고 있습니다. 입과 혀로는 젖꼭지와 발가락을, 손가락으로는 클리토리스를 정성껏 터치해주세요.

프랑수아 부셰, 〈헤라클레스와 옴팔레〉, 1735년, 캔버스에 유채, 모스크바 푸시킨 미술관

◎

저주를 받아 정신 착란 증세를 일으킨 헤라클레스는 친구를 죽이는 실수를 범하고 말았다. 이에 신들의 벌을 받은 헤라클레스는 3년 동안 리디아에서 노예 생활을 하게 되었는데, 그 당시 리디아는 여성들이 마음껏 성생활을 즐길 수 있는 나라였다. 헤라클레스는 그곳에서 여왕 옴팔레의 충실한 노예이자 애인이 되었다.

일곱째, 극강의 오르가슴에 자주 도달하세요. 그러면 어느 순간 멀티 올가가 찾아옵니다. 자극이 강한 오르가슴에 노출되고 길들여진 여체는 열락을 맞이하기 위해 무르익은 과일과 같습니다. 그렇게 한 번 맛을 보면 절대 잊을 수 없지요. 멀티 올가에 쉽게 오를 수 있는 비밀 코드도 얻을 수 있습니다.

명심하십시오. 극강의 오르가슴에 올랐다면 멀티 올가는 아주 가까운 곳에 있습니다. 조금만 더 노력을 기울여보십시오.

불꽃놀이, 다시 화려한 연장전

이쯤에서 멀티 올가에 이르기 위해 가장 이상적이라고 판단되는 섹스 리듬을 점검해보는 게 좋겠습니다. 앞에서 이야기했던 과정의 총정리라고 보면 되겠군요.

섹스 초반, 남성에게 요구되는 자세는 은근성과 끈기입니다. 10~20분은 가벼운 터치와 전신 애무에서 시작하고, 다시 10~20분은 여성의 주요 핫스팟을 애무하는 멀티플레이를 진행해야 합니다. 그 뒤에는 20분 정도 4대 핵심 핫스팟을 공략하면 됩니다.

물론 이때 시간 설정에 지나치게 집착할 필요는 없습니다. 그날그날 연인의 반응이나 상황에 맞게 조절하면 됩니다. 말 그대로 섹스는 두 사람이 보다 만족할 수 있도록 즐기는 예술이지, 시간을 재는 운동 경기가 아닙니다.

서서히 달뜨던 여성의 반응은 멀티플레이를 진행할 때 최고조에 이릅니다. 이 상태에서 클리토리스 등의 핫스팟을 공략하면 그야말로 찬란한 불꽃놀이가 시작됩니다. 그녀가 몸을 떨면서 알아듣기 힘든 교성을 지르기 시작하면 오르가슴이 시작되었다고 보아도 좋습니다. 그렇게 오르가슴이 유지된 상태에서 여러분은 멀티 올가라는 화려한 연장전으로 돌입하게 됩니다.

이때부터는 사정하는 그녀를 달래가며 자유자재로 당신의 능력을 시험해보십시오. 페니스를 삽입하고 당신의 쾌감을 위해 마음껏 달려가십시오. 당신이 느끼는 쾌감 이상으로 그녀도 쾌감을 느끼게 될 것입니다.

섹스에서 어떤 리듬을 유지할 것인지는 전적으로 당신의 선택에 달려 있습니다. 기본적으로 멀티 올가의 상태에 도달하는 섹스를 즐기고자 한다면 처음부터 마지막까지 최소 1시간 이상은 생각해야 합니다. 1시간이 길다고 생각하는 분이 계신다면 멀티 올가에 올라 행복을 노래하는 연인의 얼굴을 떠올려보십시오. 당신은 더 긴 여정을 선택하게 될 수도 있습니다.

27강

건강을 유지하면서
멀티 올가를 선물하라

체력 관리가 중요하다

한 번 멀티 올가에 오른 여성은 성적 즐거움을 누리고자 하는 욕망이 전보다 훨씬 강해집니다. 이러한 여성들의 욕망을 끊임없이 충족시키려면 남성들은 체력 관리에 신경을 곤두세워야 합니다. 무분별한 환락 추구와 방사는 건강 리듬을 깨뜨리고, 끝내 정신마저 황폐하게 만들죠. 이는 여성들도 마찬가지입니다. 숙련된 남성에 의해 늘 녹초가 되다 보면 생체 리듬이 파괴되어 혼란에 빠질 수 있습니다.

우리가 생각하는 올바른 성생활은 남성이든 여성이든 최선의 노력과 열정으로 최대 만족을 추구하는 것입니다. 그러자면 건강 관리와 체력 조절은 필수입니다. 멀티 오르가슴을 만끽하는 여성은 체중이 줄어드는 경향이 있는데, 이는 섹스에 소모하는 칼로리 양과 수분 배출량이 많기 때문입니다. 하지만 크게 신경 쓰지 않아도 됩니다. 열심히 운동을 한 뒤 충분한 음식을 섭취하면 오히려 더욱 건강한 몸을 가질 수 있습니다. 게다가 여성들은 멀티 올가에 이른 다음 날 말로 설명할 수 없는 새로운 에너지를 느낀다고 하니 여러모로 멀티 올가는 건강에 좋은 영향을 끼치는 것입니다.

단, 자위행위를 통해 자주 오르가슴에 도달하는 남성과 여성은 건강 조절에 각별히 신경을 써야 합니다. 특히 남성은 자신의 기가 지나치게 빠지지 않도록 자위행위 횟수를 적절히 조절할 필요가 있습니다.

기를 빼앗기지 않고 멀티를 선물하는 방법

아마 제 강의를 듣기 전에는 대부분 사람이 멀티 올가의 존재에 대해 몰랐을 것입니다. 아마 들어본 사람은 있어도 그 의미를 제대로 아는 사람은 없었을 것입니다. 하지만 이제 여러분은 멀티 올가가 무엇이며, 멀티 올가에 도달하기 위해서는 어떤 노력을 기울여야 하는지 알게 되었습니다. 문제는 한 번 멀티 올가에 오를 때마다 쏟아지는 그 막대한 부유물과 소모 열량을 어떻게 조절하느냐입니다.

먼저 여성들에게 참고가 될 만한 사례가 있어 소개하도록 하겠습니다. 이 사례의 주인공은 저에게 멀티 올가를 배운 사람이 아닙니다. 제 강의를 듣기 전부터 이미 멋진 연인과 멀티 올가의 세계를 경험해온 분입니다.

38세 돌싱인 '딸기' 님은 3년 정도 사귄 41세의 애인이 있었습니다. 그분과 관계를 가질 때마다 평균 4회 이상의 오르가슴을 선물받고는 했는데, 그녀가 찾아낸 이상적인 방법은 다음과 같았습니다.

우선 본격적인 섹스에 돌입하기 전 5~10분 동안 혼자서 자위행위를 합니다. 그다음 바로 애인과 사랑을 나누는 과정에 돌입하는데, 먼저 20분 이상 서로의 몸 구석구석을 정성껏 오일로 마사지합니다. 마사지가 끝나고 삽입 운동이 시작될 시점이 되면 그녀는 걷잡을 수 없는 흥분 상태가 되고, 마침내 애인의 손길이 닿기만 해도 찌릿찌릿한 전율을 느낄 정도에 도달합니다. 다행히 그녀의 애인은 20~30분 동안 삽입 운동을 하는 타입이어서 그녀에게 늘 멀티 올가를 선물한다고 했습니다.

그렇게 두 사람은 일주일에 약 두 번 관계를 맺는데, 아직까지 체력이 떨어져 고생을 한 적은 없다고 합니다. 서로 직장에 다니면서도 나름 체력 관리를 잘하고 있었던 것입니다.

이 사례는 남성과 여성 모두에게 여러 가지를 생각하게 합니다. 여성은 멀티 올가에 오르고자 하는 딸기 님의 적극적 자세를, 남성은 그 파트너 여성을 위한 섬세한 배려와 뛰어난 조절 능력을 배워야 하죠. 특히 남성의 경우 자기 조절에 실패하면 체력 회복에 시간이 오래 걸리고, 자신감이 떨어져 낭패를 보기 십상입니다.

그렇다면 어떻게 해야 최대한 기를 빨리지 않고 연인에게 멀티 올가의 기쁨을 줄 수 있을까요? 먼저 만남의 성격과 횟수를 계산해보십시오. 오늘이 고대하던 그녀와의 첫 번째 잠자리라면, 지금까지 배운 내용을 바탕으로 변화된 자신의 모습을 위풍당당하게 자랑하고 싶은 날이라면, 할 수 있는 방법을 최대한 동원해도 상관이 없습니다.

대여섯 시간 성대한 파티를 치르면 어떻습니까? 오랜 시간 정성을 다하는 당신의 섬세한 모습에, 지칠 줄 모르는 당신의 파워와 에너지에 그녀가 감동하게 하십시오. 그녀에게 넋이 빠질 정도의 큰 기쁨을 선사하십시오.

일주일에 두 번 정도 만나서 관계를 맺는 연인 사이라면 컨디션에 따라 그때그때 일정을 조절하면 됩니다. 다만 앞의 경우처럼 과도하게 사랑을 나누면 장기적으로 부담을 느낄 수 있으니, 신체 능력을 감안하여 한 번에 한두 시간으로 제한하는 게 좋겠습니다.

이타적 섹스가 가장 이기적인 섹스다

문제는 일주일을 함께 보내는 동거 관계나 결혼한 부부 관계입니다. 서로 살을 맞대고 자는 데다, 멀티 올가를 경험한 여성의 기대치가 높은 '여행버미' 님 같은 경우는 밤이 찾아오는 게 부담스러울 수 있습니다. 이럴 경우 바람직한 횟수를 산정하기에 앞서 먼저 마음가짐부터 다시 잡는 게 좋습니다.

당신이 섹스를 하는 이유가 무엇입니까? 사랑하는 그녀에게 행복을 선물하기 위한 것이 아닙니까? 그렇습니다. 당신의 섹스는 자신의 만족을 추구하는 '이기적 섹스'가 아니라 연인을 행복으로 이끌고 말겠다는 '이타적 섹스'입니다. 그런데 생각해보십시오. 그러한 이타적 섹스를 통해 당신은 사랑을 얻고, 체력을 아끼고, 기운을 얻으니 이는 결국 자신을 위한 섹스 즉, '이기적 섹스'라고도 볼 수 있습니다. '이타적 섹스'가 가장 '이기적인 섹스'라는 아름다운 메아리가 되어 자신에게 돌아오는 셈입니다.

그럼 이타적 섹스는 어떤 방법을 통해 이루어질까요?

첫째, 자신의 성적 만족을 섹스 후반부, 특히 그녀가 오르가슴이나 멀티 올가에 오른 이후에만 추구하십시오. 또한 그녀를 여러 번 열락에 오르게 하되, 자신이 느끼는 강도나 시간은 다음 섹스에 영향을 주지 않는 선에서 조절하십시오. 멀티 올가에 오른 여성은 오히려 당신의 공략을 두려워하므로 이 정도 조절은 맘만 먹으면 쉽게 할 수 있습니다.

돈, 명예, 권력이 아무리 좋다지만 아름다운 여인만큼 남성들의 소유욕을 자극하는 것이 있을까? 황금 사과를 들고 바위에 앉아 있는 청년은 그리스의 양치기 파리스다. 그는 세계 최고의 지혜를 약속한 아테나와 세계의 주도권을 약속한 헤라, 가장 아름다운 여인을 주겠다고 약속한 아프로디테 가운데 한 명을 선택해야 한다. 파리스는 과연 누구의 제안을 받아들였을까? 정답은 이미 정해져 있다.

피터 폴 루벤스, 〈파리스의 심판〉, 1735년, 목판에 유채, 런던 내셔널 미술관

둘째, 경우에 따라 적절한 성적 만족을 누리되, 사정이나 오르가슴은 포기하십시오. 많은 논란이 있는 방법이지만, 성적 소진 정도를 제법 완화시켜주므로 정기를 유지하는 데 도움이 됩니다. 멀티 올가에 오른 그녀가 절정의 순간을 포기하는 당신에게 미안함을 느끼는 경우도 있을 것입니다. 이럴 땐 가까운 시간 안에 여성을 더 만족시켜주기 위한 행동임을 분명히 말해주십시오. 그녀의 사랑과 감동을 동시에 얻을 수 있을 것입니다.

셋째, 아예 처음부터 끝까지 성적 쾌감을 추구하지 마십시오. 이번 섹스의 목적은 오직 연인을 위한 것임을 밝히고 손, 입, 혀 등을 사용해 그녀를 멀티 올가에 이르게 하십시오. 이때 자신은 삽입 운동은 물론이거니와 그녀에게 받는 자극적인 애무조차 허용해선 안 됩니다. 그런데 이건 섹스보다 여성의 자위행위에 더 가까운 것 같다고요? 아닙니다. 남성의 입과 혀, 손을 통해 오르가슴에 도달하므로 분명 섹스입니다. 더욱 자주 멀티 올가를 느끼고 싶어 하는 연인을 위한 배려이자 사랑입니다. 혹시 혼자만 오르가슴에 도달한다는 사실에 겉으로 꺼리는 여성이 있다면 남자인 당신이 적극 리드하기 바랍니다.

절제와 조화의 예술

매일 함께 생활하는 연인 사이에 적절한 관계 횟수는 몇 회일까요? 개인차에 따라 다릅니다. 일주일에 한두 번이 적당하다고 판단되면 그렇게 하면 됩니다. 만약 당신의 정력이 왕성해서 일주일에 3회 이상 멀티 올가를 선물하고, 자신도 충분히 즐기는 데 문제가 없다면 그리하면 됩니다. 매일 해도 상관없습니다.

하지만 대부분의 남성은 아마 매일 하는 섹스를 부담스러워할 것입니다. 그렇다면 이 방법을 써보는 건 어떻겠습니까? '2 + 2', '2 + 1', '1 + 2', '1 + 1'……. 여기서 앞의 숫자는 일주일에 1~2시간 동안 진행되는 정상적인 섹스의 횟수입니다. 그리고 뒤의 숫자는 사정을 하지 않거나 남자가 쾌락을 추구하지 않는 섹스의 횟수입니다.

진정 사랑하는 여자가 나타난다면 저는 매주 '2 + 2'의 방법을 사용할 것입니다. 두 시간 정도의 정상적인 섹스 두 번과 그녀의 절대 만족을 추구하는 섹스 두 번. 남성이 자신의 쾌락을 포기하고 자기를 위해 헌신한다고 생각하면 여자 입장에서 얼마나 기쁘겠습니까?

여성들은 어느 경우든 너무 쾌락을 탐하느라 일에 지장을 주어서는 안 됩니다. 남성들은 여성의 욕망과 자신의 체력적 한계를 정확히 인지하고 성생활을 이끌 수 있어야 합니다. 특히 자신의 욕망을 포기하고 봉사를 하는 한이 있더라도, 그 상황에 만족하고 정신적 사랑을 추구해야 합니다. 사랑하는 연인이 행복해한다는 사실만으로도 기쁨을 느낄 수 있어야 합니다. 아니 어쩌면 이미 당신은 그 경지에 이른 사람일 수도 있습니다.

섹스는 두 사람이 만들어내는 조화의 예술입니다. 하지만 그 즐거움과 쾌락을 오랫동안 지속하려면 상황에 맞게 절제하려는 노력도 필요합니다. 여러분! 오늘은 상대방의 컨디션을 고려해 섹스 방법을 바꿔보는 게 어떨까요?

28강

사이버섹스에 앞서 휴먼섹스다

미래는 사이버섹스 시대

　유사 이래 인간은 다양한 형태로 성적 만족을 추구해왔습니다. 신체에 고통을 가하고, 그 고통을 쾌락으로 연결하는 사디즘(sadism)과 마조히즘(masochism), 특정 물건이나 신체에 집착을 보이는 페티시즘(fetishism) 등은 역사적으로 이미 널리 알려진 성행위입니다. 그리고 최근에는 최첨단 과학 기술의 발전에 힘입어 '사이버섹스'가 새로운 성적 만족 수단으로 떠오르고 있습니다.

　사실 '사이버섹스'라는 개념은 등장한 지 50년도 더 되었습니다. 1960년대 미국 정부는 해외에 주둔하고 있는 병사들이 시뮬레이션으로 섹스 경험을 즐길 수 있도록 '인터섹스(Intersex)' 프로젝트를 진행한 바 있습니다. 그 당시 일부 과학자는 인류가 삶의 에너지를 충전할 새로운 오락으로 사이버섹스를 택할 것이라 보았고, 실제로 몇 년 전에는 국내 벤처 기업이 시각과 청각, 촉각까지 느낄 수 있는 게임을 개발해 시장에 선보이기도 했습니다.

하지만 인간은 모니터를 통해 전송되는 화면과 자위행위 수준의 자극에서 벗어나길 원했습니다. 미국의 소프트웨어 회사들은 실제로 섹스를 할 수 있는 로봇을 개발하기 시작했고, 마침내 2010년 실리콘 스킨으로 만들어진 록시(Roxxxy)라는 섹스 로봇이 시장에 등장했습니다.

할리우드 공상 과학 영화에서도 사이버섹스는 인기 소재입니다. 1993년 나온 〈데몰리션 맨〉에서는 남자 주인공과 여자 주인공이 머리에 헬멧을 쓰고 전파를 통해 성교를 하는 장면이 나옵니다. 실제처럼 행동하는 여성을 가상 이미지로 만들어 애인으로 삼기도 했고요. 최근 개봉한 〈그녀(Her)〉에서는 사람과 컴퓨터 프로그램이 정신적 사랑을 나누기도 했습니다.

휴먼섹스는 살아 있다

영화에 나온 것처럼 미래에는 정말 사이버섹스 시대가 펼쳐

존 콜리어, 〈고다이바 부인〉, 1898년경, 캔버스에 유채, 코벤트리 허버트 미술관

◎

11세기 중엽, 영국의 도시 코벤트리. 나체의 여인이 말을 탄 채 마을을 돌고 있다. 하지만 거리엔 개미 한 마리 보이지 않고, 사람들은 창문을 걸어 닫은 채 그녀가 어서 지나기만을 기다리고 있다. 나체의 여인은 바로 영주의 젊은 부인 고다이바. 그녀는 주민들의 세금을 낮추기 위해 스스로 옷을 벗고 말 위에 올랐다. 누가 감히 고다이바의 눈부신 나체를 함부로 쳐다볼 수 있을까? 관음증의 대명사로 알려진 '피핑 톰(Peeping Tom)'만 빼고 말이다.

질까요? 기술적으로만 따진다면 불가능한 일은 아닙니다. 인류는 물리 법칙을 거스르지 않는 수준에서 어떤 물건이든 만들 수 있는 기술력을 갖추었습니다. 인간의 그것과 비슷한 사이버 매춘 기계를 대량 생산하는 건 절대 어려운 일이 아닙니다. 실제로 인간을 닮은 인형이나 로봇이 시중에서 판매되고 있기도 합니다.

하지만 저는 사이버섹스 산업의 미래가 예상보다 밝지 않을 것으로 생각합니다. 본질적으로 섹스는 살아 있는 남성과 여성이 인간 대 인간으로 만나 상호 간에 교감을 나누는 육체적·정신적 행위이기 때문입니다. 서로의 가장 예민한 부분을 공유하는 인간적인 행위이기 때문입니다.

그렇습니다. 섹스는 가장 인간적인 행위입니다. 사람들이 매춘에 의존하지 않고 평생 함께할 수 있는 사람을 찾는 이유도, 교감할 수 있는 사람을 그리워하는 이유도 인간이 모든 행위의 중심이기 때문입니다. 섹스는 인간 사이에서만 가능한 사랑의 표현입니다.

과학이라는 괴물은 정말로 가상의 섹스 기계를 양산해낼지도 모릅니다. 자판기에서 음료수를 뽑듯 사람들은 자신이 원하는 파트너의 인종과 나이, 몸매, 얼굴을 결정하고 가상 상황까지 설정할 수 있을지도 모릅니다. 섹시한 몸매의 간호사가 당신을 진찰하고, 검은 가죽옷을 입은 금발 여인이 채찍을 휘두를 수도 있습니다. 현실보다 더 현실 같은 극단적 쾌락이 다가온다면 아마 우리는 앞뒤 가리지 않고 푹 빠져들 것입니다.

설령 그렇다고 해도 우리는 사이버섹스보다 휴먼섹스가 우월하다는 사실을 잊지 않아야 합니다. 섹스는 인간들만의 표현 섭리고 사랑의 교감입니다. 어떤 경우에도 사이버섹스가 휴먼섹스를 대체할 수는 없습니다.

삽입하고서 아무런 움직임 없이도

믿지 못하는 분도 계시겠지만, 휴먼섹스의 경이로움을 입증할 수 있는 젊은 시절의 체험이 있어 적어보도록 하겠습니다.

그 당시 만나던 여성과 저는 그날 밤을 함께 있게 되었습니다. 우리는 본격적인 섹스를 하기에 앞서 서로의 뜨거운 사랑을 확인했고, 저는 그 순간이 너무 소중하게 여겨져 저의 페니스를 그녀 안에 넣은 채 잠시 가만히 있었습니다. 그런데 놀라운 일이 벌어졌습니다. 몸을 움직이지 않았는데도 그녀가 오르가슴에 도달했던 것입니다.

그녀와 저는 진심으로 마음을 나누던 사이였습니다. 특히 그녀는 저를 자주 보고 싶은 마음에 직장도 제가 근무하던 학원 근처로 옮길 정도였죠. 그런데 그렇게 사랑하는 사람의 품에 안겨 있는 상태에서, 그 사람의 특별한 육신이 자신의 가장 민감한 부분에 쏙 들어와 있자 그녀는 더 이상 견딜 수 없는 상태가 된 것입니다. 제 따스한 몸이 그녀를 받아주고, 심장 박동마저 가슴으로 전해지자 몇 분 지나지 않아 그녀는 질이 급격히 수축하면서 연속적인 떨림과 조임을 경험하게 되었습니다.

그 감정은 저 또한 마찬가지였습니다. 저를 사랑해주는 그녀의 질이 수축 운동을 시작하자, 그 축축하면서도 뜨거운 열기와 거센 흡입력을 견디지 못하고 질내 사정을 하고 말았습니다. 지금 생각해봐도 그날 일은 평생 다시 실현할 수 없는 몹시 특별한 경험이 분명했습니다.

어떻습니까? 여러분도 사랑하는 연인과 조만간 그런 시도를 해보지 않겠습니까? 삽입한 채 아무 운동도 하지 않고 강한 오르가슴에 오를 수 있다면 당신들은 이미 최고의 커플입니다.

29강

멀티 올가는 판타지가 아니다

신의 손, 황제의 혀, 천상의 소리

여성에게 멀티 올가를 선물하기 위해서는 부단한 노력의 과정이 필요합니다. 특히 남성들은 자신이 가진 기술을 연마하고, 또 연마해야 합니다.

남성들이여! '신의 손'이 되기 위해 수련하십시오. 허벅지를 쓰다듬는 당신의 터치에, 젖꼭지를 꼬집는 한 번의 손놀림에 연인이 몸을 떨게 만드십시오. 손을 내미는 것만으로도 근사한 섹스를 기대하게 하며, 당신의 뛰어난 손길을 항상 잊지 못하게 만드십시오.

'황제의 혀'를 만드십시오. 지금까지의 잘못된 편견과 습관을 버리고, 끊임없이 오랜 시간 애무해 줄 수 있는 강인함을 쟁취하십시오. 혀끝의 감촉이 남달리 끈끈하고 섬세해서 당신의 혀가 몸에 닿을 때마다 머리가 쭈뼛하게 만드십시오.

'천상의 목소리'가 되도록 연습하십시오. 당신의 현재 목소리가 어떤지는 중요하지 않습니다. 지금부터 연습해서 부드럽고 은근한, 그녀를 유혹할 수 있는 나지막한 목소리를 창조하십시오. 촉촉하고 달콤한 밀어는 연인을 행복의 기운 속에 녹게 만듭니다.

이 밖에도 자신이 어떤 표정을 지을 때 그녀가 좋아하는지 생각해보십시오. 어떤 몸짓을 하고 어떤 스킬을 발휘할 때 그녀가 탄성을 내뱉는지 연구해보십시오. 진지한 탐색과 노력의 자세가 멀티 올가의 성패를 좌우할 것입니다. 이 모든 과정이 끝나고 나면 여러분은 강인한 터미네이터이자 무적의 전사로 거듭나게 될 것입니다.

마음가짐의 중요성

멀티 올가에 이르기 위해서는 무엇보다도 마음가짐이 중요합니다. 오늘 당신에게 주어진 연인과의 시간은 그 어떤 시간보다도 소중하며, 그렇기에 당신은 반드시 최선을 다해 그녀를 행

구스타브 클림트, 〈키스〉, 1908년, 캔버스에 유채, 빈 오스트리아 미술관

◎

사랑이란 무엇일까? 섹스는 정말 사랑의 결과물일까?
이 그림 속 화려한 의상은 성교에 대한 이미지를 상징적으로 드러낸다.
남자를 부여잡은 여자의 손에서는 긴장이,
돌의 가장자리에 의지한 발끝에서는 절박함이 드러난다.
사랑은 이렇게 간절하면서도 두려운 것이다.

복의 극치로 인도해야 합니다. 물론 행복한 표정의 연인을 보면 당신도 행복해질 수 있겠지요.

그러기 위해서는 꾸준한 자기 계발과 기술 연마가 필요합니다. 또 지금까지 배운 내용과 자신의 경험, 연인의 특성 등을 고려해 두 사람에게 알맞은 섹스 방법을 개발해야 합니다. 당신이 얼마만큼 노력을 하는가에 따라, 얼마나 많은 비장의 무기를 가지고 있느냐에 따라 그녀의 행복이 결정된다는 사실을 명심하십시오.

'믿음'도 결코 놓쳐서는 안 되는 중요한 자세입니다. 우선 자기 자신을 믿으십시오. 당신의 방식을 통해 그녀가 멀티 올가에 이를 수 있다는 자기 암시와 믿음이 필요합니다. 그리고 당신의 연인에게 믿음을 심어주십시오. 주저하고 망설이는 그녀에게, 당신만 따라오면 행복을 찾을 수 있다는 확신을 주십시오. 당신의 꾸준하고 정성스러운 애무는 그녀의 자발적인 믿음을 불러올 수 있습니다.

마지막으로 '배려'하십시오. 연인에 대한 무한한 배려는 큰 감동을 불러옵니다. 당신이 먼저 배려를 베풀면, 파트너 역시 무한한 배려심을 발휘하게 됩니다. 뜻밖에 연인으로부터 섬세한 서비스를 받을 수도 있지 않겠습니까? 하지만 이러한 반대급부를 생각하는 배려는 진짜 배려가 아닙니다. 연인의 행복한 미소를 떠올리며 행하는 배려야말로 진짜 배려입니다.

연인은 당신의 진정성이 담긴 터치 하나하나를 본능적으로 알아차리고 마음으로 반응합니다. 최선을 다하면 멀티 올가에 오르는 데 실패했더라도 따뜻한 이해와 사랑을 얻을 수 있습니다. 다시 한 번 말합니다. 가장 중요한 것은 마음가짐입니다.

실현 가능한 판타지

이제 강의를 마무리할 때가 다가왔습니다. 이 갈무리의 시점에서 우리가 가지고 있는 성적 판타지에 대해 생각해볼 필요가 있습니다.

사람들은 각각 황홀하고 달콤한 섹스 판타지를 꿈꾸며 살아갑니다. 어떤 이는 멋진 연인과 이국적인 공간에서 로맨틱한 분위기 아래 황홀한 섹스를 나누고 싶어 하고, 어떤 이는 대자연의 숨결 속에 자신과 연인의 몸을 맡기고 싶어 합니다. 이처럼 판타지는 아름다운 소망이자 끝내 성취하고 싶은 강한 열망입니다. 언젠가 꼭 실현하고 싶은 욕망, 도전해보고 싶은 이데아의 세계입니다.

인류는 항상 낭만적이면서도 에로틱한 자신, 무한의 격정에 이르는 자신을 그려왔습니다. 어떤 이는 페티시를 통해 그것을 드러내고, 어떤 이는 가학적인 성행위를 통해 욕망을 해소해왔습니다. 물론 보통 사람들에게는 근사한 분위기와 낭만이 넘치는 섹스가 전부겠지만 말입니다. 저 또한 근사한 장소에서 마음에 드는 연인과 초콜릿이나 꿀을 몸에 바르고 애무해주는 판타지 정도를 가지고 있을 뿐입니다.

　이 책은 그런 보통 사람들의 소박한 판타지에 맞추어 써내려 간 자기 계발서입니다. 저는 기구나 최음제 등의 비정상 방법이 아닌, 지극히 평범한 일상에서 최고의 행복을 추구할 수 있는 비결을 제시했다는 점에 강한 자부심을 느낍니다.

　또 이 책은 남성들이 제공하지 못한, 그래서 여성들이 경험해보지 못한 '멀티 오르가슴'이라는 판타지를 꿈꿀 수 있도록 설명한 실용서입니다. 그리고 그 판타지는 실현 불가능한 것이 아닙니다. 일상이 되고, 삶의 일부가 될 수 있는 판타지입니다.

　남성들이여! 멀티 올가라는 판타지를 소중한 연인에게 선물하십시오. 황홀한 무아지경의 세계를 펼쳐주십시오.

　여성들이여! 그대들은 판타지를 경험할 권리가 있습니다. 그 권리를 남성들에게 보여주십시오. 때로는 혼자서 판타지를 실현하십시오.

　세상의 모든 남성, 여성들이여! 자신만의 판타지를 만들고 그에 도전하는 즐거움을 누리십시오! 판타지를 판타지가 아니게 만드십시오!

무당 강사의 섹시한 정의

섹스는 (   )다!

최근에는 부부 맞벌이가 증가하면서 요리를 하는 남성의 숫자도 늘었습니다. 심지어는 아내의 벌이가 남편의 벌이를 능가하면서 싱크대 앞에서 상주하는 남성이 있을 정도입니다. 남성들 또한 과거와 달리 요리를 하거나 설거지를 하는 데 전혀 반감이 없고요.

제가 이런 얘기를 꺼낸 이유는 섹스야말로 지상에서 가장 맛있는 음식이기 때문입니다. 섹스는 두 사람이 함께 만드는 사랑의 예술입니다. 서로에게 익숙한 방식으로 관계를 맺고, 때로는 색다른 방법을 찾아 시도하기도 하지요. 요리도 마찬가지입니다. 매일 같은 밥상을 받으면 누구나 질리게 마련입니다. 그때그때 반찬을 달리하거나 때로는 근사한 외식을 통해 입맛을 유지하는 게 중요하지요.

오늘 밤 사랑하는 연인과 함께 색다른 레시피를 만들어보세요. 평소와는 다른 색다른 방법으로 연인의 몸을 애무하고 즐겨보세요. 작은 이벤트를 기획해 입맛에 자극을 가하는 것도 좋은 방법이 될 수 있습니다.

"섹스는 함께 요리하는 음식이다!"

3부

강남 대치동 전설적 일타 강사의
인생 분투기

대치동 학원가
전설의 일타 강사 '무당'

저는 '부선망독자(父先亡獨子)' 의가사 사유에 의해 병역을 면제받았습니다. 아버지를 여읜 외아들로서 집안의 생계를 유지해야 한다는 명목이었죠. 그 덕분에 대학을 졸업하고 일찍 학원가에 데뷔할 수 있었습니다.

사실 제 꿈은 교사가 되는 것이었습니다. 교생 실습도 이미 마친 상태였습니다. 하지만 그 당시 교직은 포화 상태였고, 사립학교들은 뒷돈을 요구했기에 꿈을 이룰 수 없었습니다.

어쨌든 학원에 입성한 저는 초반부터 각종 기록을 갈아치우며 승승장구했습니다. 1989년 용산 성지학원에서 유명 단과 강사로 이름을 알린 뒤, 1991년 왕십리 대영 EMI학원에서 4명이 수강하던 반을 3개월 만에 300명으로 늘려놓으며 강북을 석권하는 초일류 스타 강사로 발돋움했습니다. 그 당시 국어 영역 스타 강사는 대부분 50대의 SKY 출신이었는데, 갓 서른이 된 지방대 출신의 새내기가 사고를 친 것이죠. 그리고 이듬해 저는 강남 대치동 한국학원으로 스카우트되었습니다.

자리를 옮긴 지 한 달, 아니 정확히 말해 보름이 지난 다음 달 원생 모집에서 저는 전임 일타 강사를 KO시키는 기염을 토했습니다. 일타 강사란 학원에서 단과반 수강생을 모집할 때 가장 먼저 충원이 완료되는 강사를 뜻합니다. 그만큼 일타 강사는 학원의 얼굴이자, 마스코트 역할을 한다고 볼 수 있죠.

그때는 유명 강사의 강의를 듣기 위해 학부모와 학생들이 밤새 줄을 서던 시대였는데, 경찰들이 학원 입구에서 지하철까지 늘어선 인파를 정리하느라 진땀을 빼야 했습니다. 현장에서 학생을 정리하던 후배 영어 강사가 놀란 목소리로 전했던 이야기가 아직도 귓가에 생생합니다.

"선배님, 애들한테 물어보니 십중팔구가 다 무당 강의 들으려고 한대요. 오신 지 보름밖에 안 되었는데 어떻게 이럴 수 있나요?"

그 당시 저에게는 학생들을 몰고 다니며 성적을 올려주는 신기한 기운이 넘쳤던 것 같습니다. 그래서 별명도 '무당'이었습니다. 단과 강사로 데뷔하기 전, 그러니까 재수생 종합반에서 특강을 할 때 신들린 듯 강의를 하고 족집게처럼 문제를 골라낸다며 붙여준 별명이었습니다. 그래서 나중에는 수강 기호(학원 강사의 특징을 담아서 부르는 지칭어)도 아예 무당으로 정해버렸죠. 한때 전국 각지에 '무당'을 지칭하며 강의를 했던 이가 스무 명을 넘었다고 하니, 일일이 돌아다니며 로열티를 받아내는 것도 나쁘지 않을 것 같습니다.

젊었을 때 저는 대형 강의와 쇼맨십에 매우 능했습니다. 제가 강의를 하면 연달아 터지는 웃음소리에 옆 반에서 수업을 할 수 없을 정도였습니다. 그만큼 제 언행은 하나하나가 학생들 사이에서 화제로 떠올랐습니다.

'서태지와 아이들'이 한참 열풍을 일으킬 때에는 학생들이 수십 장의 비디오테이프와 카세트테이프를 가져다주며, 이 이상한 노래를 소화할 수 있는 사람은 무당 선생님뿐이니 꼭 연습해서 들려달라고 했습니다. 그래서 학생들의 바람대로 며칠 연습 끝에 노래와 춤을 보여주었는데, 어찌나 인기가 좋았는지 다른 강사들이 항의를 하곤 했습니다. 그 뒤 〈환상 속의 그대〉 또한 제가 먼저 노래를 불러 유행을 시켰으니, '서태지와 아이들'은 언제고 제게 감사의 말을 전해야 합니다.

제가 만든 신화는 여기서 끝나지 않았습니다. 한국학원은 제게 400명 넘게 수용할 수 있는 대형 강의실을 전용으로 제공해주었고, 그곳에서 저는 6년 넘게 많은 학생들을 만났습니다. 한 반에 400명씩 한 달에 3000명 정도를 가르쳤던 강남 국어과의 제 기록은 학원가에서 아직도 깨지지 않고 있습니다.

한때는 방송에 출연한 적도 있습니다. 2001년 iMBC 방송국 건물이 신축되면서 〈인터넷 장학 퀴즈〉라는 케이블 프로그램이 신설되었는데, 매주 수요일마다 '무당 신바람 언어'라는 타이틀로 강의를 진행한 바 있죠. 꽤 반응이 좋았으나 그 당시 인터넷 시설이 좋지 않아 자주 송출이 중단되어 폐지되고 말았습니다.

그 뒤에도 저는 서울역 대일학원, 신설동 한샘고려학원, 노량진 비타에듀학원 같은 대형 학원에서 대표 강사로 이름을 날리며 살았습니다. 한창 벌 적에는 서울 중소형 아파트 한 채 값을 두 달 만에 벌곤 했습니다. 얼마 전까지만 해도 대치동과 목동, 중계동의 학원에서 한몫을 단단히 해왔죠.

지금은 몰락하다 못해 나락으로 떨어져 헤매고 있지만, 지금도 현직에서 전국구 인터넷 일타 강사로 활동하고 있는 모 후배는 자기가 존경하는 국어과 강사의 전설로 강북 정명수 선생과 강남 무당 선생을 언급하곤 합니다.

포기하지 못한 문학의 꿈

저는 어려서부터 문학을 좋아했으나, 어려운 집안 형편 때문에 강경 상업 고등학교에 입학했습니다. 하지만 문학에 대한 열망은 시간이 지날수록 뜨거워졌고, 고등학교 2학년 때 폐병에 걸려 한 해를 휴학하면서 그 꿈은 확고해졌습니다.

대학 입시에서 저는 꽤 괜찮은 성적을 받았습니다. 서울대 상대 경영학과에 동일계로 진학할 수 있는 점수를 받았으나, 결국 꿈을 좇아 상대가 아닌 국문과를 지원하기로 했습니다. 그리고 가정 형편을 고려해 장학금을 받을 수 있는 충남대 국문과에 입학했습니다. 제가 만약 돈을 벌거나 학원 사업으로 성공할 마음을 먹었다면 지금쯤 수백 억대의 자본가가 되어 있을지도 모르는 일입니다. 실제로 동료들 중에는 강사나 학원 사업으로 수

천 억 원의 돈을 번 사람도 있습니다.

대학 신입생 시절 저는 학내의 주목을 받았습니다. 제가 쓴 소설이 대학 문학상 당선작과 맞먹는 놀라운 수작으로 평가받고, 시도 최종심까지 올랐기 때문이었습니다. 강병철 소설가, 이재무, 이은봉 시인과 함께 '삶의 문학' 동인 활동에 가담했으나, 정작 기대했던 등단은 하지 않았습니다. 다른 동인들이 제 작품을 문예지에 실어 정식 작가가 되도록 도와주겠다고 했으나 개인적인 신념으로 사양했습니다.

1985년 대학을 졸업하던 해, 한국문학 장편소설 부문에서 최종 본선에 들었지만 당선작이 없는 결과를 마주해야 했습니다. 제 장편소설의 제목은 『흐르지 않는 강』이었는데, 그 당시 최종심에서 겨루었던 백금남 소설가의 『십우도』는 다른 현상 모집에 당선되어 책으로 출간되기도 하였습니다. 그러던 중 계간 문예지 〈언어 세계〉에 글이 실렸고, '서울 문학' 동인이 되어 작가로서의 생활을 시작했습니다. 그러나 밤낮없이 이어지는 숨 가쁜 학원 생활에 제대로 활동을 할 수가 없었고, 1995년에서야 『유라의 하루』라는 장편 소설을 겨우 발표했습니다. 다행히 그 작품은 그해 베스트셀러가 되기도 했습니다.

문학과 늘 가까이하고 싶었던 제 소망은 결국 출판 사업으로 이어졌습니다. 그때 주변에서의 만류는 엄청났습니다. 학원을 크게 하나 차리고 거기서 나오는 수입으로 출판사를 운영하든지, 하다못해 강남에 번듯한 카페라도 하나 차린 뒤에 하라고 다들 충고했습니다. 하지만 저는 그들의 말을 듣지 않고 자신만만하게 고행의 길로 들어갔습니다.

적극적인 활동과 투자 덕에 출판사는 제법 외형이 커지고 인지도도 상승했습니다. 그런데 1997년 예상치 못했던 IMF가 터졌고, 이는 아직 튼튼한 자본을 적립하지 못한 신흥 출판사에 결정타를 입히고 말았습니다.

출판사를 운영하면서 만났던 가장 인상 깊었던 인물을 꼽으라면 인생 역전 희망 전도사 장승수 변호사와 김대중 전(前) 대통령을 얘기하고 싶습니다. 막노동 인생을 살다가 서울대 인문 계열에 수석으로 합격한 장승수 변호사는 책을 내지 않겠다고 선언한 분이었습니다. 그러다가 나중에 고교 은사의 지인이 운영하는 어느 출판사에서 『공부가 제일 쉬웠어요』라는 책을 발행했는데, 저에게 따로 책과 함께 편지를 보내왔습니다. 함께하지 못해서 미안하지만, 책을 내기로 결심한 데에는 제가 설득했던 이야기가 결정적인 영향을 미쳤다면서 말입니다. 저는 아직도 그 편지를 들여다보곤 합니다.

우리 출판사는 'DJ 출판사'라는 별명을 얻기도 했습니다. 제가 그분에 대한 존경과 열정의 마음을 담아 추진했던 김대중 전 대통령 교보문고 방문(그 당시 교보문고 사장님의 부인이 저와 같은 계원이었습니다.)과 출판계 대표들과의 간담회, 저자와의 대화 등이 성사되면서 잊지 못할 추억을 만들었던 것입니다.

이러한 일이 인연이 되어 김대중 전 대통령은 저를 자신의 전용 호텔로 초대해 아침을 함께하기도 했습니다. 그때 저와의 만남에 배정된 시간은 50분이었는데, 제가 대화를 재미있게 한 덕분인지 아니면 젊은 사장의 열정에 공감하셨던 것인지 무려 1시간이나 다음 일정을 미루어가며 세계 정치와 국내 정치에 대한 자신의 입장과 정치적 이상을 말씀해주셨습니다. 그뿐만 아니라 대학로 흥사단 강당에서도 김대중 전 대통령을 저자로 모시고 국회의원들과 기자들 앞에서 연설한 적도 있는데, 명연설이라고 칭찬이 자자했습니다.

    1997년 대선에서 저는 시민 단체 재정위원장으로서 당내를 자주 드나들며 맹활약을 했습니다. 그리고 대선이 끝난 뒤 이루어진 논공행상에서 저는 김대중 전 대통령의 큰아들 김홍일 의원이 주관하는 청년특위 부위원장직을 제안받았습니다. 그것이 무엇이냐 물었더니 당에서 파견되는 별정직 공무원 4급 정도 되는 자리이며, 연봉은 7000~8000만 원 사이라고 설명해주었습니다. 그래서 저는 속으로 '학원 월급 두 달 치밖에 되지 않네.'라고 생각하며 정중하게 사양한 바 있습니다. 물론 제가 넥타이를 매고 관료 생활을 할 체질이 아니라는 사실도 잘 알고 있었고요.

    어쨌든 IMF 이후 저는 급격한 몰락의 길을 걸었습니다. 그러나 제가 대한민국 정권 교체의 주역이었다는 사실은 아직도 제 인생 최고의 자부심으로 남아 있습니다.

몰락한 컴맹, 캠방을 배우다

IMF가 터진 이후 저는 급격히 침몰했습니다. 받기로 한 돈을 받지 못해 빚만 산더미처럼 쌓인 채 출판사를 접었습니다. 황홀한 한강 야경이 아름다워 시세보다 비싼 값을 치르고 산 아파트도 팔아야 했지요.

그처럼 힘들게 살던 와중에 탈출구로 선택한 것이 결혼이었습니다. 비록 사업은 망했지만 그동안 쌓아놓은 신용이 있어서 친구들에게 돈을 빌려 넓은 신혼집을 새로 샀습니다. 물론 그 빚은 학원 강의를 통해 6개월 만에 모두 갚았죠. 하지만 그 뒤로도 무슨 마가 끼었는지 저는 여러 길 중에서도 가장 안 좋은 길만 선택했고, 그 과정을 거듭하면서 망가져 갔습니다.

결국 어렵게 장만한 신혼집마저 2년 만에 또 다시 경매로

잃어버린 저는 결혼 생활 10년 만에 부인과 이별하게 되었고, 지금은 그때로부터 3년 반이 지난 시점입니다. 부인과 별거를 시작했던 4년 전부터 제 인생 앞에는 새로운 날들이 펼쳐졌습니다. 처음 한 해는 정말 미칠 듯이 고통스러웠지만, 나중 3년은 오히려 가난 속에서 정신적 풍요를 누렸다고나 할까요. 특히 최근에는 아예 정신적 달관의 수준에 이르렀다고 해도 과언이 아닐 정도로 나름 여유가 넘치고 있습니다.

모든 것이 그렇듯 인생 역시 밝음과 어둠이 공존하는 것인지도 모릅니다. 혼자 살면서 외로움을 견디지 못해 시작한 게 컴퓨터였습니다. 저는 출판사를 경영할 때도 직원들이 제발 삐삐를 들고 다니라고 애원했지만 들은 척도 안 했으며, 휴대 전화도 남들보다 훨씬 늦게 구입했습니다. 심지어 몇 년 전까지도 컴맹인 채로 살아왔으니 제가 너무 심했다는 건 인정하는 바입니다.

어쨌든 인터넷에 들어가 기웃거리다가 저와 잘 어울리는 콘텐츠를 찾았는데, 그것은 모 유명 사이트의 음악 방송(이하 '음방')이었습니다. 음방은 촌스러운 저에게 많은 즐거움을 주었습니다. 우선 열 명, 스무 명 씩 남녀가 섞여 있는 공간에서 집단으로 채팅을 하며 음악을 신청해 들을 수 있다는 게 신기했습니다. 특히 다른 사람들과 대화를 나누며 감정을 공유할 수 있다는 점은 색다른 즐거움을 선물해주었습니다.

그때까지 신세대 음악과 담을 쌓고 살았던 저는 젊은이들의 예민한 감각과 감수성을 한꺼번에 받아들였습니다. 그리고 지금은 200여 곡의 아이돌 노래를 자유자재로 부를 수 있을 만큼 최신 가요에 익숙한 사람으로 변했습니다.

방장이 틀어주는 노래를 가만히 듣기만 하던 저는 점점 적극적으로 활동하고 싶은 마음이 들었습니다. 그래서 전화 데이트를 신청해 방송에도 참여해보고, 같이 노래도 부르면서 노래 실력도 향상시켰습니다.

그러던 어느 날, 그 사이트에서 대대적으로 캠방 BJ를 모집한다는 소식을 들었습니다. 저는 기회가 찾아왔다고 생각해 즉각 지원서를 냈습니다. 지원자들은 대부분 기존에 음방을 이끌던 20~30대였는데, 회사는 지원자들을 상대로 한 달 동안 콘테스트를 진행한 뒤 1등에게는 100만 원, 2·3등에게는 각각 50만 원의 상금을 지급하겠다고 했습니다.

저는 주변 사람들에게 반드시 3등 안에 들어 상금을 타겠다고 호언장담했습니다. 제 말을 들은 사람들은 어림없는 소리라며 비웃었고, 아니나 다를까 처음 며칠은 하위권에서만 맴돌았습니다. 그러나 마음이 통했던 걸까요. 아무것도 모르면서 열정적으로 노래를 부르고, 춤을 추고, 시를 읽어주고, 테마를 정해 사람들과 이야기를 나누다 보니 어느새 순위가 급상승해서 전체 1등에 오르는 기염을 토하게 되었습니다.

방장의 나이를 알 수 없는 아프리카TV와는 달리 그 캠방은 나이가 공개되는 시스템이었습니다. 그런데 쉰이 넘은 제가 20~30대의 인기 BJ들을 제치고, 클럽에서 월급을 주고 채용한 미모의 여성 BJ들까지 제치고 일등을 차지한 것입니다. 그때 저는 유행했던 〈강남 스타일〉이나 티아라의 〈섹시 러브〉 등을 엉성한 춤사위로 따라 부르곤 했는데, 그 열정이 먹혀들었던 것 같습니다. 특히 오렌지카라멜의 〈립스틱〉을 부를 때에는 쇄골에 딱풀을 바르기도 했고, '어머머머' 부분에서는 입을 가린 채 옆으로 쓰러지듯 춤을 추어 폭소를 유발하기도 했습니다.

하지만 그 콘테스트는 안타깝게도 한 달을 채우기 사흘 전에 중단되고야 말았습니다. 수억 원을 들여 인프라를 구축하고 미모의 여성 BJ까지 데려왔지만 어떤 수익 모델이 나올지 정확히 몰랐고, 1등을 차지했던 제 방송의 동시 시청자 수도 많아야 30~40명이었으니 마침내 회사가 손을 들고 말았던 것입니다.

결국 저는 회사가 약속했던 100만 원의 현금 대신, 미안하다는 내용의 사과문과 10만 원짜리 상품권으로 아쉬움을 달래야 했습니다. 하지만 저는 이미 캠방의 재미를 알게 된 상태였습니다. 그래서 여기저기 다른 캠방 사이트를 찾아 헤매기 시작했습니다.

잘나갔던 아프리카 BJ

캠방을 진행할 만한 사이트가 없는지 여기저기 물어본 결과, 아프리카TV가 그 분야에서 부동의 선두라는 사실을 알아냈습니다. 하지만 사람들은 시청자 연령대가 대부분 10대, 20대라서 나이 많은 제가 적응하기에는 어려울 것이라고 했습니다.

제 생각은 달랐습니다. 기왕이면 어려움이 있더라도 중앙무대에서 제 능력을 시험해보고 싶었습니다. 원격 조종으로 프로그램을 설치하는 등 사람들의 도움을 받아 아프리카TV 방송을 시작한 저는 깜짝 놀랐습니다. 아프리카TV는 정말 큰 거대기업이었고, 개인 캠방의 신세계였습니다. 규모가 크고 콘텐츠가 다양하다는 점도 대단했지만, 무엇보다도 인기 방송의 동시 접속자 수가 수만에 달한다는 점이 가장 충격적이었습니다.

따로 콘텐츠를 선정하지 못했던 저는 전에 하던 것처럼 대화를 나누고, 노래를 부르며 소담하게 방을 이끌었습니다. 며칠 뒤 몇몇 성인들이 19금 방송을 해보는 게 어떻겠냐 제안을 해왔습니다. 나름 재미있을 것 같았습니다. 19금 방송은 성인들 위주로 출입하여 훼방을 놓는 사람도 적고, 말이 통하는 사람도 많았습니다. 하지만 구성원들이 자꾸 야한 쪽 얘기를 원하는 바람에 처음 제가 생각했던 방의 분위기와는 달라져서 좀 곤혹스러웠습니다. 결국 일주일 뒤에는 일반 방송으로 돌아오고 말았죠.

대신 방 분위기를 이전처럼 아담하게 진행하되 사이사이 이벤트를 진행하는 식으로 콘텐츠를 잡았습니다. 저작권 때문에 중계를 못 하는 국가대표 축구 경기나 인기 프로그램을 따로 보면서 함께 이야기를 나누는 형식이었죠. 그런데 그게 틈새시장을 공략한 형태가 되어서 호응이 좋았습니다. 〈응답하라 1994〉 등의 인기 프로그램에 대한 이야기를 할 때에는 몇 백 명 이상 시청자 수가 늘었고, 국가대표 축구 경기를 논할 때에는 3000명이 동시에 접속했습니다. 광고가 나가는 동안 저는 해설을 멈추고 인기 걸그룹의 노래를 부르며 폭발적인 인기를 누렸습니다.

그런데 아프리카TV는 저작권 문제에 아주 예민한 편이었습니다. 시청자들의 요구에 못 이겨 방송 화면을 보여줬다가 몇 분 만에 강제로 중단을 당한 적도 있습니다. 어쨌든 그 과정을 반복하면서 제 방송은 무려 900등까지 올라갔습니다. 아프리카TV를 접해본 사람들은 알겠지만 900등은 매우 높은 순위입니다.

보통은 5000등에서 2만 등 사이를 오르락내리락하니까요.

그러던 와중에 저는 방송이 아닌 현실에서 한 아리따운 아가씨를 만나 걷잡을 수 없는 사랑에 빠졌습니다. 아침부터 저녁 늦게까지 하루에 7시간 이상 통화를 하며 정치와 영화, 그리스·로마 신화 등을 섬세하게 더듬어나갔죠. 두 사람의 전화 요금을 합치면 100만 원이 넘을 정도였습니다.

저는 그것으로도 모자라 그녀를 아프리카TV 방송으로 초대해 아예 비밀방을 만들고 둘이서만 데이트를 하는 만행(?)을 저지르고 말았습니다. 그동안 정규 방송은 거의 중단되었고, 어쩌다 가끔 방송을 하면 애청자들의 거센 항의에 직면해야 했습니다. 그리고 결국 그녀와도 아름다운 추억만 남긴 채 이별하고 말았습니다.

몇 달 뒤 다시 돌아왔을 때에는 애청자들이 모두 떠나고 새로 방송을 시작해야 하는 입장이었습니다. 어떤 콘텐츠로 사람들의 호기심을 자극할까 고민하던 저에게 사람들은 본격 19금 성인 방송을 추천했습니다. 괜찮은 아이디어였습니다. 그렇게 다시 시작된 성인 방송에 저는 적극적인 열정을 보였고, 제가 실제로는 이 분야에 많은 재능과 소질이 있음을 새삼 깨달았습니다.

문제는 예상치 못했던 곳에서 발생했습니다. 방송을 찾는 사람이 늘어나고, 마니아층이 형성되면서 아프리카TV에서 경고를 보내온 것입니다. 발언 수위를 낮출 필요가 있었습니다. 그런데 강의를 진행하다 보면 어쩔 수 없이 솔직한 발언을 해야 할 때가 많았습니다. 시청자들도 솔직하게 터놓고 얘기하는 걸 좋아했습니다. 며칠 뒤 다시 한 번 아프리카TV는 저에게 일주일 방송 정지라는 경고를 보내왔습니다. 하지만 저는 이왕 시작한 실험과 도전 정신을 멈출 수 없었고, 결국 아프리카TV가 허용하는 기준을 넘어서면서 방송 자격을 박탈당하고 말았습니다.

그때 저는 방송이 가지는 표현의 한계를 절감하고, 강의를 모아서 책으로 출간해야겠다고 마음먹었습니다. 출판은 방송보다 훨씬 넓은 표현의 자유가 허용되니까요. 그 저변에는 강의를 듣던 몇몇 사람의 진솔한 권유도 작용했습니다.

최근 저는 다른 곳에서 방송을 다시 시작했습니다. 클럽 5978의 음악 방송에 상주하며 음악을 들려주고, 나비TV나 캔TV 등에서 캠방을 진행하기도 합니다. 성인 방송으로 형성되었던 뜨거운 애청자층이 궤멸되어 규모가 초라하지만, 어쨌든 저는 다시 방송을 시작했고, 사람들과 대화하고 노래를 부르며 즐기고 있습니다. 캠방은 저 같은 보통 사람이 21세기 최첨단 문명을 이용해 표현할 수 있는 자기 위안의 한 방법입니다.

이 자리에서 제 방송을 들어주시는 모든 분께 감사의 마음을 전합니다. 저는 시청자들이 요구하는 음악을 제대로 틀어줄 수 있는 능력이 없습니다. 제 노래를 들려줄 때에도 배경 음악 없이 생 라이브로 부릅니다. 더구나 컴퓨터의 사양이 떨어져 입술과 소리가 따로 노는 경우가 많습니다. 그래도 참고 들어주는 분들이 계셔서 감사하고 행복합니다.

인생의 밑바닥으로 떨어지다

2014년 4월 21일 새벽, 뒤에서 얘기하겠지만 저는 구리 경찰서 유치장에서 어떤 꿈을 꾸었습니다. 그리고 이틀 뒤인 23일부터 이 글을 쓰기 시작했습니다.

그러니까 4월 20일 일요일 밤 9시, 집에서 홀로 밥을 먹던 저는 구리 토평 파출소에서 나온 두 명의 경찰에게 연행되었습니다. 끌려간 이유는 고작 벌금 160만 원을 내지 못했기 때문이었습니다.

2008년부터 2009년까지 저는 성북구에 있는 거대 학원 기업의 회장 밑에서 총괄 본부장으로 활동했습니다. 구체적으로는 다섯 명의 원장을 거느리며 네 곳의 학원을 운영했습니다. 일주일에 단 하루만 자고 나머지는 꼬박 새울 정도로 몸을 바쳐 일했지요. 남들이 모두 쉬는 연휴에도 혼자 회사에 나와 근무를 했으며, 새벽이슬이 거리를 촉촉이 적실 무렵이 되어서야 집에 들어가곤 했습니다.

그러나 부동산을 모체로 한 자본 기업이었던 그 학원은 미국에서 발생한 모기지 파동을 견디지 못했습니다. 급기야 도산이라는 최악의 상황을 맞이했고, 두세 달씩 월급을 받지 못한 100여 명의 강사는 저를 원망하고 질책했습니다. 대부분 저를 믿고 따라오거나 제가 채용한 강사들이었죠. 그렇기에 저 또한 일 년 가까이 월급을 받지 못한 상황이었음에도 불구하고 끝까지 남아 정리를 해주었습니다.

사업상 책임을 지고 재판에 회부된 저는 벌금 250만 원을 선고받았습니다. 조금씩이나마 벌금을 꾸준히 갚아나가던 터였는데, 갑작스러운 연행은 저를 정말 당황하게 했습니다. 한 번에 갚지 못해도 꾸준한 모습을 보이면 괜찮다는 법원 직원의 말만 믿었는데, 밥을 먹다 말고 경찰에게 끌려나왔으니 어찌 당황하지 않을 수 있겠습니까.

이런 사정을 들은 구리 경찰서 담당자는 오히려 미안해하며 시간을 줄 테니 돈을 구해보라고 했습니다. 그래서 저는 생각나는 대로 친구나 지인들에게 전화를 걸었습니다. 하지만 수십 억, 수백 억을 가진 누구도 제게 불과 160만 원을 빌려주지 않았습니다. 그만큼 저는 최근 몇 년 동안 위축되다 못해 아예 관계를 단절한 채 살아왔던 것입니다.

마땅히 손을 벌릴 만한 가족도 없었습니다. 저는 15세에 아버지를 잃고, 25세에 어머니를, 28세에 누나마저 잃었습니다. 하나 남은 여동생은 전 부인과 사이가 좋지 않아 결혼 3년째 되던 해에 의절했는데, 이 역시 제 부덕함의 소치였습니다.

저는 결국 다음 날 아침 의정부 검찰로 넘겨졌습니다. 그곳에서 마지막으로 1시간 더 돈을 마련할 기회를 주었으나, 마땅히 연락할 곳이 없었습니다. 100여만 원의 돈이 있었으나 현금화하는 데 시간이 필요했고, 어차피 그 돈으로는 벌금을 충당할 수 없었기에, 교도소로 들어가는 길밖에는 없었습니다. 결국 수갑을 찬 채 교도소로 이동했고, 지정된 감방에 들어갔습니다.

그때의 심정은 정말로 처참했습니다. 아! 세상을 잘못 산 죄로, 친구나 가족을 제대로 두지 못한 죄로, 고작 160만 원이 없는 죄로 교도소에 끌려오다니! 벌금 때문에 징역살이도 아닌 노역살이를 하게 되다니! 혹시 의심하는 독자가 계실까 봐 그 당시 가슴에 붙였던 제 번호를 말씀드립니다. 3하 6, 3340. 그러나 저는 그때 제가 롤러코스터 인생의 가장 밑바닥에 내던져졌으며, 이 위기가 오히려 새로운 인생 시작의 출발점이 될지도 모른다고 직감했습니다.

다행히 제 교도소 여행은 방을 배정받은 지 1시간 만에 끝나고 말았습니다. 방에 들어서서 사람들과 인사를 나누자마자 "김진국 씨, 면회입니다."라는 방송이 흘러나왔습니다. 징역자들은 번호를 부르지만, 노역자들은 이름을 불러준다는 사실도 그때 처음 알았습니다. 어쨌든 면회가 끝나자마자 저는 다시 출소하라는 연락을 받고 밖으로 나왔습니다.

면회를 오고 저 대신 벌금을 지불해준 사람은 뜻밖에도 새로 강의를 시작한 지 한 달밖에 안 된 성북동 학원의 원장이었습니다. 일주일에 단 한 번 나가고, 그나마도 한 달이 채 안 되어 기대를 않고 있었는데, 학생들의 반응이 매우 좋다며 두 달분 월급을 미리 지불해준 것이죠. 정말 다행이었습니다.

하지만 그날 새벽 구리 경찰서 유치장에서 꾸었던 꿈, 어쩌면 제 인생에서 가장 슬프게 느껴졌던 그 꿈은 오랫동안 기억에 남아 사라지지 않았습니다.

가장 슬펐던 꿈

꿈속에서 저는 유치장에 갇혀 있었습니다. 절망에 빠진 저를 보고 그곳까지 찾아와준 사람은 전 부인이었습니다. 아니 꿈속에서는 아직 이혼을 하지 않은 상태였으니까 아내라고 표현하는 게 옳겠습니다. 아내는 저와 나이 차도 크지만, 워낙 동안인 데다 좀처럼 찾아보기 힘든 미인이었습니다. 이국적인 얼굴을 가지고 있어서 해외여행을 가면 한국 남자들이 저렇게 미인인 외국 여성과 어떻게 결혼했느냐고 물을 정도였죠.

역시나 꿈속에서 아내는 단정하고 온화한 표정의 예쁜 얼굴을 가지고 있었습니다. 그녀는 젊어서 저와 사랑을 나눌 때의 그 순수하고 따뜻한 미소를 지으며 제 손을 꼭 잡아주었습니다. 저는 그런 그녀를 부둥켜안으며 '세상에, 이렇게 나를 사랑하고 순수한 사람인데, 그동안 오해를 했구나.' 하고 생각했습니다. 그 순간만큼은 정말 행복했습니다. 얼마 뒤 경찰이 다가와 유치장 문을 열고 "아내분의 어머니께서 빚을 대신 갚아주었으니 석방입니다."라고 말했습니다. 덧붙여 벌금이 700만 원인데, 특별히 400만 원에 합의를 보았다고 얘기했습니다. 그렇게 저는 포근하게 웃는 아내를 품에 안고 행복해하다가 잠에서 깨었습니다.

저는 변함없이 갇혀 있는 스스로를 확인하고는 한없이 슬퍼졌습니다. 아름다운 아내도 곁에 없고, 벌금도 그대로였습니다. 저는 결혼하고 이혼하기까지 아내나 처가로부터 도움을 받은 적이 없습니다. 오히려 나이 많은 제게 시집온 아내가 고마워 친가 몰래 일체의 결혼 경비를 지원해주기까지 했습니다. 그런데 저는 지금 160만 원이 없어서 이렇게 유치장에 갇혀 있었습니다.

4월 21일 새벽, 아내를 만나는 꿈을 꾸었고, 이틀 뒤부터 이 글을 쓰기 시작했습니다. 저는 어쩌면 이 글이 나락에 빠져 신음하는 저 자신을 구할 반전의 계기가 될지도 모른다고 생각합니다. 스스로를 성찰하고, 세상에 저를 알릴 수 있는 기회가 되리라 기대합니다. 그뿐만 아니라 실제적 경험을 통해 쌓은 제 노하우를 읽고 사람들이 큰 행복을 누릴 수 있을 거라고 생각합니다. 제 인생과 독자 여러분의 인생에 모두 반전이 생기는 셈이지요.

적어도 오늘날은 보다 솔직하고 적나라하게 삶의 즐거움을 탐닉할 수 있는 그런 시대입니다. 여러분, 제 강의를 적극 받아들여 인생의 반전을 만드십시오.

다시 가지는 희망

저는 아직 대문장가로 성장하지는 못했지만, 타고난 글쟁이 기질을 가지고 있다고 생각합니다. 이 글을 쓰기 시작한 지 정확히 2주일 만에 탈고를 했으니까요. 체력 안배를 하느라 처음 열흘은 오전에만 네 시간씩 썼고, 나흘은 오후까지 썼습니다.

만약 이 책이 요행으로 잘되어 2권, 3권을 내자고 해도 저는 절대로 응하지 않을 생각입니다. 이미 이 분야의 발전을 위해서 충분한 에너지를 소비하기도 했거니와, 어릴 적부터 쓰고 싶었던 글은 이상이자 한계이기도 한 소설이기 때문입니다.

5년 뒤가 될지, 그 이상이 될지 모르지만 제가 세상에 발표하고 싶은 글은 서정성과 언어적 미학이 뛰어난 소설입니다. 이미 서너 편은 젊은 시절에 전체 구도를 완성해놓았는데, 기회가 없어서 쓰지 못한 게 아쉬울 따름입니다. 훗날 저는 대한민국 문학사에서 가장 정서가 특이했고, 서정이 빛났으며, 아름다운 국어 묘사 능력을 보여준 미학적인 작가로 기억되길 소망합니다. 반드시 재평가받고 싶은 베스트셀러 장편 소설 『유라의 하루』도 그런 미학적 특성이 넘치는 작품임에 틀림없습니다.

아니, 문학으로 이름을 알리기 전에 그동안 소홀했던 자식들과 가까워지고, 머지않아 그 아이들과 함께 살 수 있기를 희망합니다. 아직도 제 인생에서 가장 빛나는 황금기를 꼽으라면 당연히 아이들과 함께했던 6년의 시간을 선택하고 싶습니다.

지금은 아무것도 해줄 수 없는 못난 아빠지만 그래도 저는 기네스북에 오를 만한 기록을 갖고 있다 자부합니다. 아들이 유치원에 들어가기 전 3년, 딸이 유치원에 들어가기 전 2년, 그렇게 5년 이상을 매일 밤 11시에 퇴근해서 새벽 서너 시까지 밤을 새워 놀아주곤 했으니까요. 아들과 딸은 꿈나라에 빠져있다가도 그 시간이 되면 습관적으로 깨어나 저를 기다리곤 했습니다. 혹 제가 졸기라도 할라치면 못 자게 때려가며 함께 시간을 보냈습니다. 그렇게 꼬박 날을 샌 적도 많아서 아침이 밝아오면 아이들은 또랑또랑한 목소리로 "아빠, 우리 또 밤새웠다!" 하고 소리쳤습니다. 저는 그렇게 하루에 두세 시간을 자고 다시 학원에 가서 졸면서 강의를 하곤 했습니다.

아들과 딸은 물론이고 기회가 된다면 이미 오래전 소식이 끊긴 돌아가신 누님의 자식들도 찾아서 대가족으로 지내고 싶습니다. 그리고 출판사를 하면서 진 빚을 일일이 다 갚아주고 싶습니다. 설령 그것이 너무 오래되어 상대방이 기억을 못한다 해도 꼭 갚고 싶습니다. 어떻게든 세상에 도움이 되는 일을 하면서 살고 싶습니다.

 그러나 당분간 사랑 따위는 하고 싶지 않습니다. 물론 아직도 제 마음속에는 한 여자를 만나 진실한 사랑을 나누고 싶은 마음과 기왕 이렇게 된 거 자유롭게 살고 싶은 마음이 공존합니다. 하지만 아마도 상당히 오랜 기간은 자유롭게 살고 싶은 마음이 저를 지배할 것 같습니다. 그러다 운명이라 생각되는 여자가 있으면 그땐 새로운 인생을 꿈꿀지도 모르지만 말입니다.

에필로그

마지막 당부의 말

 가끔 강의를 들으러 방송에 들어오는 29세 여성이 있었습니다. 그녀는 영등포에서 바를 운영하는 여사장이었습니다. 아이디를 여러 개의 음표로 나열했기에 '음표' 님이라고 불렀는데, 대화하면 할수록 개성이 느껴졌습니다. 어느 날, 그녀가 방 사람들에게 물었습니다.
 "남자가 노래방 도우미와 원나잇을 했다면 불륜인가요?"
 대부분 사람들은 그게 어떻게 불륜이냐며 대수롭지 않은 일 취급했습니다. 하지만 제 생각은 달랐습니다. 그건 불륜이 맞는다고 단호하게 답했습니다.

"이제 시대가 바뀌었습니다. 옛날에는 외도와 불륜이 별개의 일이었을지 모르지만, 지금은 여성이 판단할 수 있는 권리를 가진 시대입니다. 남성들의 시각에서만 불륜을 평가해서는 안 됩니다.

대다수의 여자는 남자의 일탈에 치를 떱니다. 법률적으로도 이건 처벌받을 만한 일입니다. 홍콩이나 싱가포르를 보십시오. 여자를 야릇한 시선으로만 쳐다봐도 문제가 될 수 있습니다. 어떤 일이든 받아들이는 상대방의 입장에서 생각하고 결정해야 합니다."

그렇습니다. 이제는 세계 대부분의 나라에서 여성과 남성을 평등하게 생각합니다. 오히려 남녀평등 사회를 넘어 여성 우월 사회로 나아가기도 합니다. 선진국에서는 바람을 잘못 피웠다간 재산을 잃고 패가망신할 수 있습니다. 이는 여자도 마찬가지입니다. 바람을 피우면 어떤 손실이든 감수해야 합니다.

2014년의 대한민국은 어떻습니까. 어떤 측면에서 우리는 그들보다 더 어지러운 나라입니다. 과반수의 부부가 공공연히 문제를 저지르고 사실이 밝혀져도 별다른 제재를 받지 않는 이상한 나라입니다. 저는 일단 결혼한 사람은 가정에 충실해야 한다고 생각합니다. 배우자의 부정은 그 정신적 충격이 엄청난 것이어서 실로 그 상처의 깊이를 헤아리기가 어렵습니다.

그런 까닭에 저는 이 책의 가르침이 사랑하는 연인이나 소중한 아내를 위해 사용되기를 소망합니다. 물론 선택은 여러분의 몫이지만 그래도 최대한 이런 바람이 실현되기를 기대합니다. 마지막 에필로그를 쓰는 지금 저는 엄지와 중지에 물집이 잡혀 몹시 괴로운 상태이지만, 그래도 이 글이 여러분의 인생과 성생활에 좋은 지침서가 될 수 있다는 생각에 가슴이 뿌듯합니다.

이렇게 손에 잡힌 물집을 가만히 보고 있자니 문득 어머니 생각이 납니다. 대학교 4학년 때, 무려 50일 동안 등교를 하지 않고 단칸방에 틀어박혀 장편 소설만 쓰던 저를 보고 어머니는 크게 실망하셨습니다. 참다못해 "될성부른 나무는 떡잎부터 알아본다는데, 너는 가라는 학교는 안 가고 이런 미친 짓거리만 하고 있으니 글러 처먹었구나!" 하고 고함을 지르셨지요. 저는 그때 부르튼 손가락을 문지르면서도 정말 착하고 소박하게 살아오신 어머니의 눈을 보며 웃음을 터뜨렸습니다. 그리고 오늘날 이렇게 세상에 도움이 되는 글을 쓰고 있으니, 그때 어머니의 고함이 효과가 있었긴 한가 봅니다.

마지막으로 다시 한 번 당부하겠습니다. 여성 여러분! 설령 사랑하는 남자가 생각보다 큰 기쁨을 선물해주지 못해도, 여러 사정상 자주 섹스를 못해도 너그러운 사랑의 마음으로 감싸주십시오. 이 땅에는 섹스리스이거나 한 달에 두세 번 하는 관계에 목말라하는 부부도 많습니다.

남성 여러분! 설령 멀티 올가에 실패했다 하더라도, 자주 연인을 사랑해주지 못하더라도 따뜻한 마음자세와 섬세한 표현으로 사랑하는 여성을 기쁘게 해주십시오. 항상 그녀를 감동시키기 위해 노력하십시오.

여러분의 건투를 빕니다!

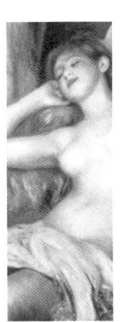

명화와 함께 읽는 나의 섹스 감정 수업 29
멀티를 선물하는 남자

초판 1쇄 인쇄 2014년 8월 12일
초판 4쇄 발행 2014년 10월 24일

지은이 김진국
펴낸이 김선식

경영총괄 김은영
마케팅총괄 최창규
책임편집 이호빈 **디자인** 황정민 **크로스교정** 변민아
콘텐츠개발4팀장 김선준 **콘텐츠개발4팀** 황정민, 변민아, 이호빈, 임보윤
마케팅본부 이주화, 박현미, 윤병선, 반여진, 이소연
경영관리팀 송현주, 권송이, 윤이경, 김민아, 한선미, 양현정
외주스태프 표지 가필드

펴낸곳 다산북스 **출판등록** 2005년 12월 23일 제313-2005-00277호
주소 경기도 파주시 회동길 37-14 3, 4층
전화 02-702-1724(기획편집) 02-6217-1726(마케팅) 02-704-1724(경영지원)
팩스 02-703-2219 **이메일** dasanbooks@dasanbooks.com
홈페이지 www.dasanbooks.com **블로그** blog.naver.com/dasan_books
종이 월드페이퍼(주) **출력·제본** 스크린 그래픽 **후가공** 이지앤비 특허 제10-1081185호

ⓒ 2014, 김진국

ISBN 979-11-306-0371-1 (13190)

- 책값은 뒤표지에 있습니다.
- 파본은 구입하신 서점에서 교환해드립니다.
- 이 책은 저작권법에 의하여 보호를 받는 저작물이므로 무단 전재와 복제를 금합니다.
- 이 도서의 국립중앙도서관 출판시도서목록(CIP)은 서지정보유통지원시스템 홈페이지(http://seoji.nl.go.kr)와
  국가자료공동목록시스템(http://www.nl.go.kr/kolisnet)에서 이용하실 수 있습니다. (CIP제어번호 : CIP2014021950)

> 다산북스(DASANBOOKS)는 독자 여러분의 책에 관한 아이디어와 원고 투고를 기쁜 마음으로 기다리고 있습니다.
> 책 출간을 원하는 아이디어가 있으신 분은 이메일 dasanbooks@dasanbooks.com 또는 다산북스 홈페이지 '투고원고'란으로
> 간단한 개요와 취지, 연락처 등을 보내주세요. 머뭇거리지 말고 문을 두드리세요.